湛庐文化 Cheers Publishing

a mindstyle business

与 思 想 有 关

养孩子就是一场修行

Buddhism For Mothers

A Calm Approach To Caring for Yourself
And Your Children

[澳] 萨拉·娜塔莉（Sarah Napthali）——著
偶值——译

浙江人民出版社
ZHEJIANG PEOPLE'S PUBLISHING HOUSE

将此书献给那些过着“正常”日子

却焦虑、无助、不被理解的妈妈们

身为人母好修行

安妮·库什曼（Anne Cushman）

儿子思开出生后的几个礼拜，只有在听到我的心跳声时才能入睡。从午夜到黎明，他躺在我胸前，头安稳地放在我颈项低处，每隔两个钟头会醒来吃奶。白天，我摇着他入睡，他睡梦中的小脸像是表演幻灯秀，闪现各种情绪：欢喜、烦躁、高兴、愁苦、惊讶，就像在排练这一生所需的每个表情。我如果胆敢把他放进摇篮里，他会怒吼着醒来，满面通红，拳打脚踢；如果我把他放在婴儿吊带、前抱袋、婴儿车或车内安全椅里，他就哭；为他换尿片时，他也哭；而每晚七点到九点，他还会无缘无故地哭。

思开两周大时，我晚餐时吃了黑豆玉米饼，喂完奶后他便尖声哭叫、全身僵直、紧握双拳，直到天亮。当我跟他一起啜泣时，我丈夫急着打电话联络急诊室，而那里的护士（很仁慈地）告诉我们：听起来像是胀气。第二天早上，一位营养师友人安抚我，只要我不再吃乳制品、小麦、酵母、黄豆、玉米、豆类、大蒜、洋葱、番茄、糖、胡椒、青花菜、柑橘类（也可考虑不吃鱼、菇类、蛋），就不会有事。当思开终于在我右手臂弯里睡着时，我穿着浴袍倒在沙发上，用左手拿着冷了的糙米吃，还撒了些在他发梢上。

大约就在那时，我决定把我已展开的育婴工作视为密集的修行。我告诉自己，这工作具备了所有修行所需的条件：长时间安静地坐着，来来回回地踱步，哪里也去不了，日程安排可以累垮人，而且剥夺你的睡眠；吟唱催人入睡、谜样的诗歌："……而如果那眼镜被打破，妈妈会帮你买只小公兽……"，以及慢慢开始了解：未来没什么好期待的，只是重复做相同的事。而这一切的中心当然就是这位包了尿片的疯狂智慧导师，他指派下来的修行要比任何一次我到印度旅行所遇到的还要严格。如："今晚你要抱着大师在客厅绕行两小时，每两步要弯腰至膝，同时吟唱：'嘟提，嘟提，嘟嘟嘟；嘟提，嘟提，嘟嘟嘟……'"。或者："在午夜时，你要抱着睡着的大师到浴室，并且回答：如何可以不用手就让睡裤落地？"

这些修行就像所有好的修行，精细的设计正是要把自我牢笼好好震撼一番。它们完全粉碎了我认为事物应该如何的观念（在花园里，薰衣草花圃旁，看着蜂鸟飞舞，轻轻摇着脚边摇篮里初生的小宝贝入睡），还挖开我的心，让它面对事情的真实情况（站在换尿片的桌子前，小心翼翼把思开的小膝盖一只又一只弯向他疼痛的小肚子，而当芥末黄的涌泉从他身后喷出时，还要好生鼓励一番）。而在我的"宝宝修炼"里，每次呼吸当中，我都有机会面对当下展开的神秘，将自己的孩子当成婴儿佛陀来照护……

对我而言最要紧的问题是：从生病的婴儿鼻子里吸出鼻涕能跟僧侣的修行同样简单、纯粹吗？把尿片桶擦拭干净也能带给我"证悟"[①]吗？

① 佛教用语，参悟。——编者注

我床边小桌上过去放的是与“**追求证悟**”有关的书，如今放的则是谈如何避免半夜醒来的书。我也别再想要一颗葡萄干嚼上五分钟，也可以忘掉“**吃东西时，就只是吃东西**”这类的告诫。当我打电话订购保护儿童的电插座盖时，思开正趴在我的屁股上；同时，我正用手指头从外卖餐盒中取出冷了的素食锅贴吃，并且用穿着袜子的脚把思开刚吐出来的东西拨到地板上。即使要找出时间告诉自己这便是修行也很难，我还忙着找思开的某只手套呢……

要不断提醒自己无常的道理，是否有比在这参差不齐、缺乏关怀的世界里养育孩子更好的方式？当我跟思开一起躺在床上小睡时，他的头在我胸前，我的鼻子靠在他如黑丝般的头发上。我注视着他的囟门①随着心跳柔软地起伏。我被严肃警告过，不用高速公路，也不用隐形轰炸机，就算是玩具熊也会让他在摇篮里窒息。晚上，当他安静了两个钟头后，我会偷偷溜进他的房里，站在暗处，不敢动，怕让地板出声，直到我听到他的微微喘息。

就算每件事都完全顺利地进行，我知道这个思开，这个正在唱着歌、热情吸吮玩具鸭的嘴，同时还从浴盆里往我身上泼水的小子，终究会像肥皂泡泡一般溶解消失。昨天，当我在七月艳阳下一圈圈游着泳时，他是我肚子里一块会踢人的肉球；而明天，他会是个边哭边把我的骨灰撒在山中湖泊的中年人。看着思开把红萝卜泥涂在自己的睫毛上，我丈夫说：“**这光景真美，叫人心疼。**”

我感觉自己更融入这世界了，以前所未有的程度。当我以自己的身体喂养着孩子时，我也看到自己让大地以身体喂养着。我像是一件衣服被编织出的一部分，在前面有一长串的妈妈们，里头还有一长串尚未出

① 婴儿头顶部有一个柔软的，有时能看到跳动的地方，医学上称之为囟门。——编者注

生的孩子，他们所要承袭的世界我甚至无法想象。我想要思开的孙辈们能够在太平洋上游泳，在高山的花岗岩山脊上健行，还要为潟湖里以单脚站立的蓝色苍鹭倒抽一口气。

这是“执着”，还是“互相联结”？

我本意并非要夸张。我知道这些洞见并非来自三摩地[①]的闪亮原钻，而是比较随便、比较黏手的那种了悟，上头还沾了口水和甜甜圈的面皮。然而，或许这就是把当妈妈作为修行所得的礼物，一种对于混乱、粗糙、不完美加以拥抱的包容，而不是基于控制、保持干净的那种。

这让我的心里多了些空间，可以容纳客厅地板中央的塑料垃圾车、午夜时由寝室门下传出的饶舌音乐；却不会在半夜溜出去寻找启示，而是和“羁绊者”待在家里。

我们身为妈妈，又能从佛陀在深夜离开家人这件事上学到什么？我这么问一位法师。

“喔，当他离开孩子的时候，还没成佛，还是个万分痛苦的年轻王子。”她回答。

“如果你已证悟，便不会离开你的孩子。若是你呢，会去哪里？”

① 佛教用语，意指禅修的最高形式。——编者注

目录

Buddhism for mothers

给心最好的礼物

24 岁那年，我在印尼的雅加达教英文。在 1991 年，雅加达这座城市并不让人觉得舒服，交通拥塞，呼吸的空气受到严重污染。到处都是让人感到挫折的事情：电话永远接不通，1 000 万人口的噪音相当的大且少有沉静的时刻；身为外国人还必须躲避兜售商品的小贩、乞丐、出租车司机以及好奇的人；街道两旁就是没加盖的排水沟。刚开始的时候，我还爱上了这座城市与家乡的对比：永不止息的嗡嗡声，好比官能上的飨宴；但到后来，由于它周而复始的模式，这种文化差异对我所造成的冲击，让我必须以并不优雅的方式来加以处理。

虽然印尼主要信奉的是伊斯兰教，但在偶然间我发现了一本盖·克雷斯顿（Guy Claxton）所写的书，叫做《佛法之心：面对激化世界的实用智慧》（*The Heart of Buddhism: Practical Wisdom for an Agitated World*）。我从来没有读过这么“激进”的书，所以开始在那些感到有所启发的地方加上标记，但是荧光笔的墨水很快就耗尽了。我怂恿朋友读这本书，以便与他们一起探索其中的主题。这些年来我还会不断回头重读此书。

书中最让我受到触动的是：人很容易活在完全虚妄的状态之中。对于世界、他人、自己，我们常会认为自己所看到的就是实际的情况。但我们所感知到的其实是相当离谱的，而且我们的感知还会造成自己在并不真实的快乐上白费力气。我马上便把这一点应用在我与文化冲击的角力上：我可以用不同的眼光来看待周遭这些让人厌烦的事物了，而用新的方式来看待也就有了不同的方式来反应。平日的骚扰突然有可能让我学到些什么。

> 我们是自己思考的产物，
> 我们所有的一切源自想法。
> 我们用想法塑造世界。

作者鼓励我们对于自己所有的感觉、想法、信念要有觉知，如此才能克服那些造成我们受苦的错误观念。通过学习察觉心智的运作方式，我们便可找到力量转换生活经验。

我们能否快乐取决于自身的心智状态。对于自身心智的管理以及改造自身世界的责任完全落在自己的手中。

在 20 多岁的时候，我实在无法相信阖上双眼、专注在呼吸的起落上会是善用时间的方式。我想做一些事情，多认识些人，开发脑力，改进技能，尽情享乐一番。虽然当时所追求的那些事物也相当有趣，但到最后我还是与大部分认识的人失去联络了，当时所学的东西也多数都忘了。如今有了后见之明，我知道如果那时自己能专注在自我身心的开发上，会受益更多；因为如此一来，在心灵之路上我会比现在要更精进些。

身为一个母亲的挑战

而当我到了30多岁开始育儿时，便有了截然不同的生活形态。我想做个有智慧的妈妈，但是却常常发现自身思考及行为的方式连自己都无法认同。我觉得必须做个更有德行的人，尤其是为了自己的孩子们，也要更有耐性、更有慈悲心、对事情有更积极的看法。我知道不可能仅仅只是希望就可以做到这些，这需要我长期的投入以及对自己在行为上有所要求。

所以我开始把自我身心的发展更当回事。身为一个孩子的母亲，又在家中工作，想要做到这件事是相当有挑战性的；而我也承认，有些日子根本没办法对自我身心的发展多加注意。而在其余的时间，我会找机会每天进行冥想。虽然我刚当上妈妈，没有办法找到整块的时间；不过我仍感觉到，如果能够将自我身心的发展和日常的事务结合在一起会很有帮助。冥想即使不够规律，仍可让我以较平静、较积极的方式来面对事情。这确实让我对事物的看法改头换面，也让我在生活上可以更顺利些。

当我怀第二个儿子的时候，我意识到即将面临的挑战，因而变得比较焦虑。我知道随着产后的欢呼、放松以及高度的荷尔蒙效应而来的，是睡眠不足、长时间待在家中和难以有自己的时间。我想让自己在心智上做好准备，以免陷入忧郁的状况：规律的冥想、参加课程，并尝试着更专注、更有慈悲心、更合乎道德地过日子。

在那次怀孕中，我写下了这本书的初稿，但是等第二胎一生下来，我立刻就注意到亲职工作[①]有多困难了，于是加上一章来讨论愤怒的情绪。面对着在两个宝宝当中取得平衡的挑战，我为自己在处理大儿子扎克（当时只有三岁半）的事时变得如此易怒，感到不可思议。我在二儿子亚历克斯出生之前从来不曾对扎克大发脾气。我以前也曾感受过极度的挫折、激怒，甚至绝望，但从来没有如此愤怒，以至于想骂脏话，甚至动手打人。虽然我从来没有打过扎克，但有一次，我用指甲掐了他的大腿；那时我才突然发现，对于孩童的暴力行为并不一定是坏人才会犯下的，也可能是出自身为母亲的我。我警觉到了，知道处理愤怒情绪会变成我在自我身心发展上的主题。但并不只是我，有许多和我谈过话的母亲也为相同的问题而挣扎着。愤怒并不是一件有益的事，甚至是有害的；让自己不被愤怒的情绪所掌控，这是非常重要的。

突然身陷亲职工作当中，可能造成母亲内心的煎熬，但是写给父母看的书里，始终不变地把焦点放在对孩童的养育上，而不是那些为了养育孩子而挣扎着的母亲身上。探讨母亲内心世界的书常常成为令人沮丧的报道，把母亲们描绘成一群牺牲者，受着生活形态之苦。我觉得必须有一本书能告诉我们身为母亲的悲伤和快乐，同时能够提供有效的应对策略，让我们可以重获新生。

① 父母在其亲子系统中所承担的工作。——编者注

本书可以提供给妈妈们的帮助

本书不是要教人怎么做父母，而是一本为妈妈们写的书。通过介绍一些发展自我身心的方法，提供给妈妈们一种重新和自己内心沟通的方式，让她们能够更为平和而快乐。如果妈妈们能够比较平静、比较快乐，我们的家庭得到的只有益处。

在本书当中，我想要以妈妈们的生活作为出发点：对妈妈而言，重要的议题有哪些？我们能提供什么样的帮助？我所探索的主题包括了“活在当下”对于我们自己以及孩子们的好处是什么，我们如何可以感到平和，以及我们可以怎样来管理自己的愤怒和忧虑。我也讨论了身为母亲的女性与自身、父母、朋友、亲戚们的关系，以及这些关系所造成的影响。

我必须说明，我只是个很普通的女子。我的希望是，正因为我是如此的普通，更可以用自身的经验帮助那些过着“正常”日子、却经常遇到各种限制的妈妈们。

最后，我想分享的是，不论是我写的还是其他什么人写的，都不重要；理由很简单，因为只有自身的经验才能为你的学习提供前进的动力。你从自己的生活当中所学到的才是最可靠的、最有用的。这是你的旅程。

01

佛性：开启身为人母的内在智慧

身为人母让女人必须学习一种新形态的自给自足，想要成为快乐而有智慧的妈妈，唯一的可能在于开发出内在的资源来帮助自己。

带小孩的妈妈其实很孤立，只能靠自己。当我们想寻求帮助的时候，通常也很难找到合适的人。在还没当上妈妈的时候，不论我们是在工作还是在读书，身边都围绕着许多人，其中当然包括了可以随时在一起面对困难发发牢骚、开开玩笑的好朋友。等到我们做了妈妈，需要整个礼拜都跟小孩子待在家里时，也就越来越少有时间跟其他大人相处了。可是对于我们大部分人来说，当妈妈的时期却是最需要同伴的时候。

老朋友及家人也许并不了解我们的苦处；他们可能没有孩子，或者他们的孩子所带来的挑战不同于我们的。小孩不爱睡觉的父母身边往往是一些孩子一夜安眠的父母，而那些孩子很顽皮的父母也常觉得身边父母的孩子都很乖、很听话。或者，当我们在讨论自己所遇到的问题时，却常常发现朋友及家人的反应令人失望。他们有可能并没有真正听到我们说的话：当我们提出自己的忧虑时，他们也谈他们自己的，给我们一些不讨喜的忠告，或干脆改变话题。我们除了觉得自己的话没有被听到，还可能觉得自己被批判了。我们希望与别的妈妈成为彼此很棒的盟友，但是我们之中的多数人却往往都不是称职的倾听者（有时只因孩子一直打断我们的谈话）。

而即使你刚好认识一位有智慧而且可信赖的人，这位人中之宝却又不大可能在你需要时就有空来帮忙。况且身为人母的我们都是能将心比心的人，不愿意让自己的忧虑、烦恼、不满成为别人的负担。

而我们自己的伴侣呢？毕竟他们已经签下了终生投入父职的合同了。公平地说，只有圣人才能深度了解我们所面对的身心挑战，更何况我们自己往往并不是圣人；而即使我们的伴侣是圣人，多数时候也有工作要做。

没错，身为人母让女人必须学习一种新形态的自给自足。想要成为快乐而有智慧的妈妈，唯一的可能在于开发出内在的资源来帮助自己。妈妈们为了满足别人的需求而忙上忙下，必须不断给予，因此我们必须找到可以让自己充电的方法。我们不得不准备好各种层次的资源来扛起这项工作，如此才能处理恼人的情绪及想法，才能和别人更平和快乐地生活在一起。

当我们了解生命当中有苦的时候，也已体验到一份更为真实的爱。我们可以借鉴佛法中的四圣谛。

佛法中的四圣谛

一、生即有苦。

二、执着造成苦。

三、苦能结束。

四、离苦之道。

这四句话都提到苦，而这苦可以理解成任何让人感到不满足、不完美、焦虑、不舒服，甚至烦躁的情况；任何让人有点不快的事情都算。受苦及不满足无法在今天马上结束，但借着一些方法，你可以在今天就种下改善自身生活的种子。

生即有苦

佛教四圣谛中的第一项，就是*生即有苦*。也就是说，生命本来就无法让人感到满足，或本来就是不完美的。在当妈妈以前，我们或许会觉得这个教导过于灰色了。如果觉得不快活，我们可以去看场电影、打电话给朋友，或以各种数不尽的方式来让自己分心以脱离痛苦。而如今，我们的孩子让我们不再有时间纵情于可分心的事物。况且，我们都已经历过怀胎、生产、照顾婴儿、养育孩子的试炼，也就不会觉得对于人生如此的看法太过感伤了。因为我们都已经历过身心的煎熬，甚至绝望。

身为母亲，我们知道人生并不轻松。我们需承担责任，分给自己的时间少得可怜，绝望地担心自己的孩子是不是健康正常，能不能符合周遭批判的眼光所期待的标准。当一百件其他的事等着我们却不能去做时，我们在罪恶感当中挣扎。我们有人为了自己的事业而苦思烦恼，还有许多妈妈则由于失去了事业而苦恼。在消沉之际，我们看到额头上的皱纹加深、身体有些部位开始下垂，甚至可能因丧失自尊而内心备感煎熬。

许多妈妈在有了孩子后，改变了看新闻的感受。身为母亲，我们对于世间之痛，感受比以往更多。我们把罪行、战争、毒瘾的受害者，都看作受苦母亲心爱的孩子。绑架、虐童或儿童自杀的故事，让我们难以承受。我们了解，对于脆弱的家庭来说，任何损伤或死亡都会造成极大的冲击。我们会有这样的反应，正是我们对于生命中的苦难及生命中的不完满，有了更深体会的表现。

生命中会有不满足，部分原因是所谓的“无常”，或者说，任何事物必定会改变，没有不变的事物。生命中的每事每物，从人、环境、物品到最小的粒子，都一直在变动，这让我们没有实在而长久的对象可依赖。佛教并不否定快乐，因为快乐确实是可能的。问题只是，我们不可能捉住快乐不放。就像任何事物一样，快乐也终会过去。生命中通常包含了生、老、病、死，我们可以花许多时间来让自己不去注意这些事实，但仍无法逃避。

爱 心

我们都知道，身为人母的含义，并不只是受苦；它所代表的，也是一次让人敞开心灵的爱的体验。

母亲对于孩子的爱可以说是最真实的了。爱孩子让我们学到真正的爱：无我、耐性、宽恕。我们知道了爱没有条件、不做批判，且几乎不求回报。当然，当我们的孩子让我们接触到自身黑暗的一面时，我们会厌恶他们；不过，我们跟他们的关系在整体上而言，是一种排山倒海般的爱。正如某位妈妈所说：

> 自从我有了孩子，才了解过去曾体验过的所有的爱，尤其是跟伴侣的爱，都是自私的。我始终在想的是，这份关系可以给我些什么？而如果我的期待落空，所有的好感就会完全蒸发掉。我女儿让我经历过地狱般的感受，但她所做的任何事都不能让我停止爱她。

对孩子的爱带给我们欢欣、喜悦、快乐。但真正令人感到鼓舞的是，通过爱孩子，我们成为更有爱的能力的人。将我们从爱自己孩子的体验中所学到的，应用在与别人的关系上，这里面包含了无穷无尽的可能性。许多妈妈有这样的发现：对于别人，她们更能有慈悲心，因为她们了解，所有的人在一开始，都是值得母亲关爱的心肝宝贝。这些妈妈对于板着脸的出纳员、脾气冲的驾驶员或贫穷的亲戚，也就更能包容了。

有一回，我参加了某个教人如何在人际关系中培养慈爱的课程。每当要举例说明真爱时，那位老师提及的总是妈妈对孩子的爱。她以母子关系来说明，爱如何使我们乖巧有礼以及真爱带来的种种好处。身为一位母亲，能从第一手经验中体会这些教导，我觉得自己受到了生命的特别眷顾。

对我而言，形容母职最精确的说法就是，它让你的生活糟上两倍，也好上两倍。其中固然有苦与不足，但爱让我们得救。

对自己慈悲

身为妈妈，许多女性对自己的要求近似无情。许多妈妈奋力使自己符合自身角色的最高标准及期待。于是，她们会因为无法成为完美的母亲、伴侣、亲人、朋友、工人、主妇、节食者及公民，而有罪恶感。在自己生命中需要支持与慈悲的时刻，却反而挑剔起自己起来。她们对自己指责之严厉，恐怕是多数人连想都不敢想的。

佛法教人要对众生慈悲，而这也包括对自己要慈悲。虽然佛法要求行为上的高标准，却并不要我们浪费力气在罪恶感上。我们应避免控诉自己，因为这样做并没有任何帮助。当我们的想法及行为不够明智时，所需做的只是要觉察、注意此事，不要浑浑噩噩而已。我们的目标是能清楚看到正在发生的事，并且积极培养比较健康的心理状态。

要想加强自给自足的程度，我们必须成为自己最好的朋友，而当我们觉得所做的并未符合自设的标准时，记得要对自己温和、耐心、坚持。

请你想象一下，一位冷静平和的妈妈，不论生命带给她什么，她都能接受。意外或不喜之事不会惊扰她。她从不过度反应。她很清楚自己也有智慧和慈悲不足的时候，但她不会浪费许多时间在罪恶感上，下回她或许便可做得更好。因为学着爱自己，当她在跟别人说话时，便不会过度地注意自己或只注意到自己。她的朋友会说，她温和良善，而她的兄弟姐妹会说，她思考清晰、决定果断。她能让人感到舒服，让人觉得她很特别，到处都找得到喜爱她的人。她的孩子有她陪伴时总是兴高采烈，因为她能让他们觉得自己很重要，而且被了解。她颇具创造力、自动自发，而且随时微笑；因为不论在做什么，她都感到好玩，不会当成工作。

我们希望自己变得更像这位妈妈：一位更快乐的妈妈。这需要时间，只要能以慈悲及耐心对待自己，而不是自我批判及灌输罪恶感，我们可以向此理想更迈进一些。

在事情发生时，我们真正能够处理。当生命在眼前展现时，不再如以往那样，心神游走他方，我们努力让自己心处此地、面对当下。在第2章当中，我们会更进一步探索这个观念，现在先让我们听听一位妈妈是如何改变她对日常生活的看法的。安妮是两个小女儿的妈妈，她说：

我将担当母职视为自我身心之旅。在生活中的艰难时刻，我提醒自己，做父母就是修行，而且是最严格的修行。我的孩子们就是我的老师，她们不断地提醒我，必须活在当下，必须放弃幻想那些我“可以”去做的、兴奋而刺激的事。

身为妈妈，我一直问自己这些问题：这个时候该做什么？现在最重要的是什么？在情绪低潮的日子里，我注意到女儿们会自动重复说过的话，好像她们早已知道我是个心在远处的行尸走肉，并不在她们身边。发生这种情形时，我便知道该把自己拉回现实中，好好关心她们了。现在，我能够有意识地当母亲，并且察觉到当下所需要做的事。这避免了让我的孩子们成为我机械式反应下的牺牲者。

当我们能以清明而平稳的心来面对生活中的挑战时，更能积极地来回应。

母亲的智慧

就我个人来说，我想为将来的艰难时期提前做好准备，尤其是两个儿子的青春期。我想拥有让我能成为他们生命中积极力量的内在资源，不论是作为朋友、密友，或者在必要时刻“能只管自己的事”（能克制自己不插手孩子的事）的人。就像多数的妈妈，我内心最大的恐惧就是我的心肝宝贝受苦的那一天终究会来到。我想象着他们经历孤独、沮丧或羞辱，受到折磨。如果他们当中有一个自杀了，我会因悲伤而凋零。

直觉告诉我，如果我更有智慧，便会让孩子觉得容易亲近；而当孩子们遇到困难时，我便有更大的机会来帮助他们。如果我的孩子们尊敬我，他们也就更可能信任我。如果他们看到我缺乏自知、无法控制自己的情绪或缺乏慈悲心，会难以对我生出敬意。他们当然不愿将自己的忧心之事与一位他们觉得看法僵化的人分享。借着对自己更加觉察，我们会逐渐剥除性格当中较不成熟的层面，这也让孩子们受苦时更容易来亲近我们。

虽说较成熟的父母所教养出的孩子也可能惹上麻烦，但明智的父母让孩子经历悲惨环境的可能性会降低。如果父母是热心、平和、冷静的人，一般来说，他们的子女们也会发展出相同的态度与行为来。

为了我的孩子们，我热切地希望自己更有智慧。不过，智慧是什么？当我们的孩子遇上困难时，他们不一定会寻找专家或权威的协助。他们可能并不需要我们从自己所读、所体验、所游历的一切之中提供给他们答案。智慧并不是会下判断或知道答案。接受生命中的神秘、不骤下习惯性的结论、了解自己的无知的谦卑态度，让我们可以在所有往来互动当中保持开放、敏感，从而帮助了我们自己。

苦的肇因

身为母亲，我们大都有过一些不舒服或难过的经验，因此，相对来说，可以很容易就了解和接受第一圣谛。第二圣谛则告诉我们：苦痛及不满足的肇因是欲念。我们身处的这个世界已经把我们变成被无数欲念所折磨的生灵。我们所欲求的对象无法为我们带来内心的平和，但我们通常却无视于自己为这些对象无休止地付出所带来的后果。

我们希望能成为重要人物，被别人羡慕，赚大钱，拥有无尽的兴奋和刺激。我们像着了魔似的追求着目标，以为只要达成这些目标，生活就没问题了。我们收集大量玩意儿，渴望跟得上潮流、有品位、跻身于上流阶层、成为值得艳羡的人士。我们希望不要停留在“这里”。虽然我们将自己的欲望视为通往快乐的踏脚石，但事实上，这些欲望让我们看不到在当下就可以快乐的可能性。

郝丽是两个儿子的母亲，有一次她和儿子们聊到他们的外祖母：

> 这并不是第一次了，不论别人为我妈做了什么或给了她什么，我妈总是不满意，我为此感到悲哀。当然，她会接受，但颜色或形状总是不对，要不然就不是她真正想要的。我就对儿子们说，她好像并不知道自己想要什么。我儿子笑了，很平静地说：“妈，你只是不了解她而已。她知道自己要什么，她要‘所有的东西’。”我们多多少少都有点像我妈，有些人在无法得到全部时就会大发雷霆，自己深深受苦，也让别人痛苦。

不再被欲念束缚的生命并非无须奋斗或没有激情，甚至连愿望也没有。当我们将自己的目标或喜好转化成需要时（我必须有 A、B、C，才会快乐），便要开始受苦了。由于我们渴求且坚持，当求而不得时，便会感到焦虑及挫折。即使我们的欲望得到实现，也无法就此快乐，因为又会有更多的欲望要满足。

我们因为“没有而希望拥有”受苦，也因为“拥有但不想要”受苦；执着的反面——厌恶，同样具有带来不快乐的力量。

你的孩子站在公园里，拒绝回家。可你们在那儿已经待了好几个小时了。你觉得又冷又饿。挫折和无助感一波波袭来，而你还要试着说动这个小小的顽固分子回家。

或者，已经连续下了好几天雨，你睡得不够，已经被困在吵闹的客厅里好几个钟头了。孩子们不时地争吵、唠叨，还一定要你听他们可怕的音乐。你终于因为果汁泼出来而发了脾气，然后你就想：“我真讨厌这样！我不会当妈妈！这一切都是可怕的错误！”这就是厌恶。

不要跟我们的执着一个个地奋战，因为一个执着造成了所有其他的执着，如果你能对付这个执着，其他的就会跟着消失；这个执着就是：“自己拥有实在、个别、一贯的自我。”我们的自我一辈子奴役着我们，要我们设法支撑自己脆弱的自我形象，要我们寻求欢乐、避开痛苦。这个启示可以改变生命，在第 9 章我们会进一步探讨。

苦能结束

当我们的心完全涤净了负面的状态时，证悟便会出现；我们不再无知，因此不再有虚妄的想法；可以清楚地看到事情的真相，此时，我们便知道不必再追逐享乐、避开痛苦；我们的心充满了爱，因为我们已克服自私。

万事万物都如此清楚明白。我看到整个大地展开于眼前。我看到我的双手、双脚、趾头，也嗅到河中污泥的丰美。我领悟到不凡的奇异感，对自己活着这件事感到讶异，这是奇迹中的奇迹！这样的证悟正是众人的天性，然而众人却因少了它而无法快乐。

离苦之道

佛陀的第四圣谛说明了如何脱离痛苦及不快乐：通过八正道，并分为三个部分：智慧、道德律、心智训练（慧、戒、定）。我们可以发现，所有佛法都可落入这八个大类之中。

正当的见解所指的是看到生命的本然；特定来说，就是对于无常、不满足、无我等真理能了解。

正当的想法所指的是能认真看待佛法修行，决意要提升自己的觉知程度，要净化想法，让自己不再有贪念、仇恨、妄想。

正当的言语、行止、谋生本业让我们所行之路拥有道德上的基础。我们必须能以慈悲、慈爱、公道待人的方式来说话、做事、谋生。通往智慧的道路需要我们以合乎道德的方式来过日子。在佛教中，只有能正直生活的人才能完全享受到冥想带来的甜美果实。

正当的奋发、专注、专定则跟冥想练习有关，我们会在后面的章节中详加探讨。

智慧

一、正当的见解（或正见）。

二、正当的想法（或正思维）。

道德律

三、正当的言语（或正语）。

四、正当的行止（或正业）。

五、正当的谋生本业（或正命）。

心智训练

六、正当的奋发（或正精进）。

七、正当的专注（或正念）。

八、正当的专定（或正定）。

02

专注：与孩子相处的特别时刻

要在一天之中的每一刻都保持觉知真的很难。

我很享受在一天结束之时到幼儿园接儿子扎克回家。走近幼儿园时，我内心充满了甜蜜的期待。他看到我时整个小脸都会亮起来，用拥抱来欢迎我。

他是一项恩典、一件超凡的礼物。当我一再仔细地看着他，试着了解他在每一刻的变化、成长时，我也让自己拥有了更丰富而满足的人生体验。

而第二天跟他待在家里时，我则发现，自己无法停下来休息，容易恼怒，因时间过得缓慢而昏昏沉沉；在这样的状态下，对于他长得如此完美、他令人喷饭的童言童语、他的生命本身这个不折不扣的奇迹，我都可能会视而不见。

我们如果能学着投入全部觉知品尝当下的滋味、探索“此时”的自己，而不是缅怀于过去或计划着未来，我们就会发现更多生活的乐趣，甚至无可比拟的极乐时光。这就是专注，那引领我们离苦得乐的八正道当中的第七项。“专注”这个词有误导之嫌，好像在暗示心被注得满满的、没了空间。其实，专注只是“对于正发生的事当下就能知道”的意思。

我们很容易条件反射似的来度过一天。由于脑中占满许多念头，我们做起事来心神如处迷雾当中。我们的想法摆荡于对过往的看法及对未来的计划之间。我们的意识忙碌于已发生的冲突、造成伤害的话语和悔恨之间，再加上幻想、白日梦、待完成清单，等等。很有可能，当一天结束时，我们会发现自己不折不扣错过了这整整一天，而完全不知道今天实际上发生过什么事；而这可能会让我们无法：

- 注意倾听孩子的话；
- 品尝到第一口之外的食物滋味；
- 注意到周遭状况；
- 感觉到逐渐增加的身体紧张感；
- 感知到自己的情绪，以及造成这些情绪的原因。

练习专注可以让我们成为较为睿智的父母。只有能专注于当下，我们才有机会明白事物的真正本质或“实相”[①]。而没有这层“明白”，我们终究只是从自己的妄想之雾当中看待生命。有了专注，我们可以发展出清晰的观察力。

要在一天之中的每一刻都保持觉知真的很难。我们的“跳跳猴脑袋”在回忆与计划之间来回冲刺，让我们的心思每天从此时此刻游走的次数，

---

① 佛教用语，指宇宙事物的真相或本然状态。——编者注

超过百次以上。以习惯的反应方式来过日子有何不好？很显然，专注可以带来的好处必然更多，才会让我们不怕麻烦，也才会让我们愿意经历不可避免的无数错误而仍对它垂青。

专注：为了我们的孩子

在扮演最重要的角色——父母时，我们所投入的关注有多少？又有多少父母，由于没把心思放在当下，因而错过孩子们的童年时光？我曾和一位对专注在母职上的重要性有所了解的妈妈谈过话，因为她的童年正是在这方面有所缺失：

> 我对自己和父母之间的关系，一直都感到难过而不解。他们是很棒的爸妈，你没法子真的怪他们，而我也确实对他们抱着深深的感恩之心。不过我家里有个问题，就是我的家人都有点失神，不大能专心。我们没有办法长时间地注意一件事，这就表示我们从来没有真的倾听对方的话，所以我们从来没有真正认识或了解彼此。虽然，要找妈妈时妈妈总在那里，但如果我向她说些什么，她总要打断、改变话题，没有真的关注，或是不管我说了什么总给我同样的老答案。我很不想让自己听起来好像受害很深的样子，我实际上所受的苦比起那些被忽视的小孩来说少了许多。但我就是没法否认那种悲哀，那种由于长期从未被好好关注或了解而有的悲哀。

> 后来，我意识到，我的原生家庭[1]的问题就是缺乏专注。我们无法让自己为对方保持安静不动，也无法以专注、耐心及开放的心态来对待彼此。不过，我还是可以从我的原生家庭所犯的错当中学习，试着为自己的孩子而让自己更处在当下。我想让他们和我丈夫能享有家人之间全心全意投入而彼此心意相连的时光。

我一直记得这位妈妈的话，因为我也曾感受到她的故事当中所隐藏的危机。在我专注力较弱的日子里，我的心思会在别处，我会突然发现，在自己注意到之前，同样的问题扎克已经问我两三次了。我认为这有可能会让孩子感到自己不够重要、被忽视了或觉得自己就像隐形人。我们都会这样，没必要因此就责备自己，但我们必须注意到这件事，并且尽全力来改善这点。我现在的做法是，试着把扎克的声音当成启动我专注力练习的开关。有时我也必须偷偷提醒我的丈夫或亲友对孩子们更加关注："扎克想问你一点事情。"

孩子带给我们生命中许许多多特别的时刻：他们出生时、第一次微笑时、说出第一个字时、开始去上学时。但是当我们被快速的念头之流所攫住时，便会错过那许多较为平凡的平日时光；很可惜的是，也让我们与孩子相处的时光失去了变成特别时刻的可能性。如果我们能清醒地感受到当下、触摸到其纹理，也就更能让自己领略和享受此时此刻。

若能保持觉知地活在当下，我们家人的安全便可得到更大的保障，因为我们降低了无心的小意外所造成的影响，也因此更能体会到孩子的

① 原生家庭是引进的一个外来词。人的一生中有两个家庭，一个是自己出生并成长的家，另一个是自己长大进入婚姻生活后所创造的家。通常意义上，原生家庭就是从小成长的家，一般由父母、兄弟姐妹等家庭成员组成。——译者注

需求，就像一位妈妈所说的：

我发现，当我漫不经心面对孩子时，对孩子的回应可能就不会那么积极；而当我能深切进入状况时，就能看清楚真正该做的事，也就能体贴地帮助我的孩子。所谓保持“初学者的心理”，就是别以千篇一律的惯常反应来面对任何时刻，而要以新鲜的眼光来看待每时每刻。我发现这样的态度对于当父母的我们很有帮助：今天行得通的办法，明天可能就行不通了；对这个孩子行得通的方式，对另一个可能就行不通。因此，我所做的就是试着针对此刻所出现的情形做出反应。如果不必面对无法预料的情况，那当父母就太容易了。所以，我必须看出每一刹那的真实情况，而以不同的方式来处理每个新的状况。

另一位妈妈则指出了：

如果能拥有专注力，我们可以比较清楚地了解孩子的个性，从而更能让他们避免承受外界的不实际的期望所带来的压力。

当我能保持专注时，会看到孩子真正的自我，这也让他们解脱，不至于因为我所期望及恐惧的事而形成对他们的束缚，这样，他们便能以适合自己的方式来发展。我不会让自己变成女儿的压力，不苛求她成为沉静的芭蕾舞者、能够帮助生病的人、爱护动物、还把她妈妈当成偶像。但我却可以配合她的性格取向，帮助她达成自己的目标，尽管这些目标很可能不同于我的期望。

专注：为了我们自己

还有一位妈妈则发现，能够专注也让我们因此更了解自己；同时，也让我们发觉，孩子们在以各式各样的方式“提升”我们。

> 对于当下能够觉察，让我对自己了解更多，也让我与孩子共度的时光成为学习与成长的时刻。在大发雷霆或把孩子大骂一顿之后，我可以选择让自己尽快地脱离那不快，去做别的事，逃避当下的不舒服；却也可以试着深深地审视当时的情形，找出应该学习的事，以及当下回同样的情况再次发生时，可以改进的地方。
>
> 借着审视自己的想法，对于一些不实际的要求（不论是对于孩子们的，或是对于自己生活的），我有了许多了解。这其中包括一些很可笑的要求，像是“屋子里头一定要保持整洁”或“我的孩子要始终保持愉快和懂得感恩”。我已知道，对于琐碎而恼人的事情，保持情感上的距离是必要的，也学到了对于不完美，必须妥协。

还有一位妈妈以诙谐的文字告诉我们，她如何努力把心神留在当下，从而发现自己受伤的时候变少了。

> 我以前经常急急忙忙的，心里总是占满了要做的事。我好像从来不曾专注于正在做的事情，因此总是撞到东西，不是脚趾头踢到家具，就是屁股撞上桌子。而自从我开始学着活在当下以后，就很少再受伤了。

专注，就是觉知到当下所包含的一切：身体的官能感觉、心理感觉、认知、假设以及想做的事。我们能注意到身体上的感觉，或许便会发现自己心情不好并非全是由于孩子的行为，反而是来自肚子饿或脖子疼。而当发觉哪些食物可以真的让自己感到满足、哪些姿势最舒服、运动会让我们感觉好上许多时，我们可能也就更会照顾自己的身体了。我们是怎么呼吸的？平缓的还是急促的？我们的肌肉有多放松？哪里紧张？是什么原因造成紧张的？我们身体的姿势如何？这样的姿势和心理状态又有什么关系？

能对自己的情绪起伏给予专注的观察，让我们可以完整地过日子，避免怠慢或忽视了可能让我们收获最多的事。有趣的是，我们会为某些事情痛苦地抱怨，但在有了更深一层的了解后却发现，所抱怨之事并不会真的困扰我们。我们是被一时的情绪攫住了，而以那件事情来将自己的情绪合理化。你可以说自己心情不好，或者抱怨吃得不舒服，不论如何，当你能敏锐地感觉到自己的这种倾向时，确实会有所帮助，因为如此一来，我们就不会夸大所抱怨之事的严重性，也就不会反应过度。

在下午陪伴孩子的时光过了大半之后，我常发现脑海里有类似这样的想法："当妈妈快让我发疯了，我要离开这里，我不适合这样的生活。"当我逮到自己这么想的时候，会记得提醒自己：我只是被一时的情绪套住了，必须找到些抱怨的事情当借口而已。为了给自己的低潮找到借口，我狂乱地在头脑中编织了各式不幸和各样挫败。实际上，这只是我一向的傍晚抑郁症发作了：血糖低、疲累、该休息了。而这些感觉跟当妈妈几乎没什么关系，想想我还没当妈、全职工作的日子，到了一天的这个时刻，我也会同样这么想：我会夸大工作的困难之处，做做白日梦，然后溜出去吃块巧克力。所以，问问自己这个问题总没错：哪件事情先发生的？是先情绪低落呢，还是先有想抱怨的事？

如能问问自己，我们的情绪如何影响身体的官能感觉，也相当有用。当我生孩子的气时，会皱起眉头，右肩会绷紧，呼吸也变得不均匀。我如能发现自己正处在这样的状态下，就可以先调整身体的紧张状态，试着放松，然后做些深呼吸，让自己平静下来。

觉知到“当下”，不但可以让你对自己的内在拥有更多了解，也让你通过所有的官能而感知到周遭的一切：微风轻拂皮肤的感觉、脚下枯叶清脆的响声……当你发现自己对于环境细节的忽略程度时，可能会深感讶异。我们走路时，通常的习惯是一直走，头也不抬，沉浸在自己的想法中，常常需要孩子指出景致中的一些细节，才会注意到。我们错过了多少美妙的景致、悦耳的清音、宜人的气味？自从开始有意识地注意周遭之后，我才发现鸟的歌声可以多么忧伤、动人。当我推着婴儿车在街上走时，注意到了花朵、树木、岩块，还有色彩的争奇斗艳、云朵的温柔漫步。喜悦并不一定来自生活中热闹的大事。

专注更进一步丰富了我们的生活，让我们拥有更多的精力、更能平静、得到更多的洞见。

集中精力

我们在日常生活中，经常会因为无法专心于当下而浪费自己的精力：我们犯错、说出会后悔的话、从所做的事上分心。海伦是两个儿子的妈妈，她在自己的著作《内在平静之道》(*The path to Peace Within*）中，以一个很有用的比喻来说明怎样可以拥有更多的精力：

> 想象一下自己正捧着装满水的碗。如果你很专心地往前走，只有很少量的水会溅出来。如果你走的时候，动作粗放，不加控制，那么会有很多水洒出来。

专注让我们省下精力与时间。我们在不够专心的时候常需要重复一些做过的动作，因为我们在第一次做时没有专注地做好。脑子不够清楚的时候可能会忘了自己放东西的地方、为何要进房间、刚刚有没有把车子锁上，甚至在谈话之中会忘了自己的想法。专注可以对付健忘的情况，并且让你的心智更加敏锐。

专注让我们可以经常处在较好的精神状态下，而较好的精神状态让我们可享有较多的精力。此外，在冥想中所体验到的安宁也会提升我们的精力，甚至缩短我们所需要的睡眠时间。我们对身体如何应对日常发生的事若有更多的觉察，也可以省下一些精力。有一位妈妈是这么说的：

> 我尝试尽可能地经常注意自己身体当下的感觉，而这真的有好处。每当我注意自己的身体感受时，就会发现紧绷的情况。我让自己释放这种紧张，提醒自己要放松。等一天结束时，我发现剩下的精力要比过去让紧张累积起来时更多。
>
> 我也习惯于让自己的脸部肌肉整天都处在紧绷状态下。当注意到这点时，我就知道该是微笑并且轻松面对事情的时候了。我很确定，放松自己的脸部有助于我的人际关系，因为这样大家就不会觉得我老是瞪着他们看了。

学会平静

借着练习冥想及专注地过日子，我们享受到心灵上的假期，让自己脱离了反复出现的想法、忧虑、安排。这样的假期让我们重新找到活力，感到更平和，更能面对挑战。专注地过日子，我们会更快乐；我们又怎能不更快乐呢？既然我们愿意放手，所有让我们无法注意到当下喜悦的事，就不再占满心思了，我们已开始能体会当下所带来的更为丰富的韵味了。

在冥想时，我们有机会来练习处理负面情绪，而我们也可将学到的能力应用在日常生活里。我们会了解到，负面情绪是心里一时的状态，因此无需让自己过于困在其中；也并不一定要表达或压下这些情绪，或根据这些情绪做些事。当我们能够注意到某个负面情绪出现了，就有机会在反应之前先暂停一下，从而就能够对自己的负面情绪多点觉知，也就有机会将这些情绪控制好，而拥有平静的生活。

身陷麻烦中时，我们发现自己会越来越焦躁。这时，要注意这份感觉，看着它如何变化、成形，而终究消失无踪。在专心观察自己对哭闹不休的孩子越来越不耐烦的过程中，可以让自己不过于融入这种情绪当中，集中精神，更明智而周到地做出反应。

有一次，有些朋友要留在我家过夜，而我真心想让他们有宾至如归的感觉。但我的小宝宝发了烧，尖声哭叫，一定要我抱他；而大儿子扎克以他四岁的坏脾气，对着一位比他小的客人吼叫，这位小客人表现出相当不高兴的样子；水电工把我们的水断掉了；而奶粉又刚好用完。

我暗下决心，要以专注来克服当下的窘境。我将自己整个早上的心绪好好观察了一番。我看到层出不穷的负面想法（受不了！我早应该料到会发生这事！真是不敢相信！），而负面情绪也累积在负面情绪上（挫折、气恼，再加上许多的“旧恨”）。我知道，如果过于陷入这些负面情绪当中，将自己交给它们，我会一路下沉（可能还会把某人揍上一顿，只希望不是那位水电工)。只要办得到，我随时试着注意自己的呼吸，让自己可以站稳脚步。

我很清楚自己面对的选择是什么：可以让这些小型灾难打击我，让自己成为摇摇欲坠的废墟；或者可以选择具有包容性的应对方式，不让自己太投入(这些事到了明天还有哪件是重要的)。我试着接受所面对的状况，不让自己浪费力气逃避和抗拒。身为母亲，我们不会始终都无忧无虑地过日子，但我们仍可训练自己对所遇到的状况采取容忍的态度，告诉自己每个时刻都是修行的好时机。整个世界就是良药。我们从任何发生在自己身上的事中都可以学到东西。我们会在下一章中更进一步了解，如何用专注来帮助自己对付负面的心理状态。

拥有洞察力

要让自己脱离妄想、坏习惯、刻意做坏事等倾向，采取理性的思考、交谈方式，并不总是能让我们找到出路。我们当中有许多人都曾想用把问题谈开的方式，来尝试解决人际关系上的困难。而如果这样行不通，接下去怎么做？我们谈得更多，但问题还是没有因此解决。在思考上，我们也有同样的经验：想得越多，越把自己赶到死胡同里。这确实是太常见了。有时我们需要更有力量的东西，来帮我们转换所面临的困境。

我们需要洞察力，也就是拥有让自己清楚看到问题所在的能力。如果我们能专注，拥有可以看到实际状况的能力，便很自然地会拥有洞见。当我们终于看出来也了解了隐藏在自我挫败式行为背后的错误看法时，采取不同方式行事就是很自然的事了。

有一位接受我访谈的妈妈，曾经到处寻求关于罪恶感的指导。对她而言，身为妈妈一个较大的难处是，来自别人的认同及关注太少了；她为自己希望得到关注及虚假的恭维而感到尴尬。她找到治疗师来帮助她，而治疗师所做的不只是与她进行理性的讨论，也以专注的技巧来触发她在较深层次上的理解与洞察。这位妈妈是这样告诉我的：

> 我们先进行了一会儿讨论，然后她进一步，要我闭上眼睛，用身体的官能专心地感觉，注意自己的呼吸以及当时出现在心里的任何想法。接着，在很安静的情况下，她告诉我她要说一件事，然后让我自己安静地想一两分钟。
>
> 于是她说出那句话："被别人关注没什么不好。"
>
> 我动也不动地坐在那里，让这句话进入自己的脑袋里。在进行了一个钟头的治疗后，只有这句话一直萦绕在我的脑海里，而不是我们在理性层次上所谈到的任何其他事。这句话对我很有治疗的效果，因为它帮助我接受了自己，原谅自己这么需要炫耀。

开发专注力

每一个瞬间，都有数百件"小事情"在我们的身心及周遭发生着。比较难以做到的是要"记得去记住"正在发生的这些事，或者说要能注意到这些事。不论是在冥想中，或是白天的其余时间里，我们常会为一些想法及一时的冲动而分心，难以达到专注。即使这些想法对于我们正在从事的活动而言通常没什么实质性的帮助，我们却被这些在内心上演的好戏所吸引而动弹不得。借着"记得去记住"，我们在分神时不需责怪自己，而要有耐心地把注意力拉回到当下。这并不是要我们把脑袋清空，变成没有思想的行尸走肉。因为不管我们正在做什么，“当下”总是能提供足够的养料来占满我们的心思。

当僧侣往前走着时，他知道：“我正往前走。”当他站着时，他知道：“我正站着。”当他坐着时，他知道：“我正坐着。”当他躺下时，他知道：“我正躺下来。”

对于专注这件事来说，任何动作或姿势都需要我们全神贯注。

刚开始可能会让人感到怪怪的，但是在你做某事时告诉自己正在做的动作，可以让你练习专注；这就好像用辅助轮练习骑自行车一样。总有一天，当你的专注力进步到可以始终处在当下时，便不用再做这样的动作了。

想要注意到此刻所发生的小事情，我们需要学着别在心里把它们定位成“好”或“坏”、“舒服”或“不舒服”。我们所希望达到的是“心如止水”，不会因为面对的事物而惊慌或亢奋。对所感知到的东西不妄加归类，可以帮我们培养接纳、不批评的心态，让我们不再要求生活以有别于实际状况的面貌出现，还可以帮助我们免于自我谴责及罪恶感，不再为自己表现得好坏而自责。这就是平心静气，一项我们需要高度重视的特质。

请在接下来的这几天，试着挑战自己，让自己能活在当下。注意自己身体上的官能感觉，也注意情绪的起落。尝试观察自己的想法，而不要让各个想法以旧有的方式逃脱。看看自己的心思多频繁地想到过去及未来的事，要停留在当下需要怎样的坚持才办得到？

你可能会发现，这项活在当下的尝试会让你更谦卑，因为很少有人能长时间做到。必须训练自己，才能保持长久的专注力。我们可以通过冥想来增强专注力，也就是练习让自己专注在当下的某部分（通常是呼吸的起落）。我们也可以在任何时候练习专注。每一天中的每一秒，都是练习专注力的好时机：吃饭、喝水、等待、休息、谈话、工作等。

当时间不够时，还能专注地过日子

你或许因为有个新生宝宝，过着睡眠严重不足的生活，或在工作与孩子之间疲于应付。即使你时间不够用，或根本没时间，你仍可由专注得到极大好处。你可能没有时间冥想，但可以用清醒时的每一秒来培养专注力。真正的挑战在于，要能记得去记住那些当下发生的事。

就在此时此地，在生活的起落之间，在冲突、失望、心痛、欢笑、成功、压力和混乱之中，最需要练习专注，这使我们得以在自身中找到平和，不再受苦。

每个人都有时间进行练习：走路时、电脑启动时、等红绿灯时、排队时、上厕所时、梳头时。只需处在当下，内心不去评论，就是在练习专注了。我们可以从每天都做的事当中，选择一项开始练习，比如说喝茶。

卡玛拉是个单亲妈妈，有三个小孩及两份工作要照应。她为自己找出了两个练习的时机，其中一个是洗碗时：

> 完整地感觉、观察洗碗这件事：双手的动作、水的温凉、拿起盘子、倒出清洗剂、清洗、放下来。其他的事都不重要，只注意洗碗这件事。

另一个时机是走路时：

注意自己走路单纯的动作。每踏出一步，就在自己心里很小声地念“踏、踏、踏”。

这么短暂的一段时间，每天可以有好多次，却能帮助卡玛拉与孩子更平和地相处。没过多久，她就开始把练习延伸到更多的例行家务上，并且体验到种种来自练习的好处。

以下是一些在日常生活中培养专注力的方式：

- 当你走路时，对自己说“我正在走路”，并且感受脚踩在地上时的感觉。
- 当你做家务时，注意工作本身的每个小细节。
- 当你吃东西时，注意双手的动作、食物的味道、吞咽及咀嚼食物的感觉、食物在肚子里的感觉。
- 当你在银行或超市排队等待时，注意全身上下的感觉，看看是否需要放松紧张的肌肉、改正姿势或者脸部表情。
- 不论身在何处，注意你的周遭。每天挑战自己，让自己从附近环境中找出一个未曾注意过的小细节。
- 注意听别人说话，在自己开始说话前，先暂停一下。
- 尽可能随时注意自己思考的过程，避免发出批判性的见解。
- 只要有机会就注意自己的呼吸，这样可以让脑筋得到休息。
- 找机会让自己安静不动。有时候若能让汽车收音机和电视机关着，也不参加没有意义的闲谈，会感到格外有意思。

推荐一种我称之为“一分钟快捞”的方式。当你整天跟孩子在一起时，偶尔可以找到一分钟左右的空当。我经常用这样的空当来练习注意呼吸，并对只花一分钟专注在呼吸的起落上所达到的成果感到惊讶。它让我平静下来，不知怎么还让我的态度变得较为积极。有趣的是，即使我并没有十分专心，仍然会出现类似的转变。我还发现，如果在此短暂的练习中采取佛陀经典的微笑表情，效果会更好。

我也曾试着找出时间来进行较为正式的练习。在第二个宝贝降临之后没多久，我便为了搬家、整修房子及完成本书而必须花费更多时间。再为练习腾出时间真是个大挑战，不过我仍设法让自己在一周当中能进行几次时间较短的练习。多数都是在早上六点左右、喂过宝贝之后，而几乎每次都因家中的需求而不得不中断。但我意识到，练习和做父母应当是一回事，我们不需刻意区分两者。如果当你的练习进行到一半时小孩哭了，你应该平稳而不抗拒，也不要有所抱怨，让注意力转移到这时需要你的地方：安抚你的宝贝。

把练习带到生活中的过程，要比正式练习本身更重要。使用汽油的时候并不是在加油枪旁。

如果我们还在当时间的奴隶，我们的日子可能只为了一个执念而过："把事情完成"，做出成绩，达到目标。当我们不自觉地依照此种想法生活时，会希望自己的孩子符合我们自身已有的安排，而对他们的需求变得不敏感。也由于我们的心思在别处，而无法感到和孩子相处的快乐。而当我们能专注在当下时，便可以让自己解脱束缚，开放地面对此刻的种种可能，享受活在当下的感觉。苏珊是两个孩子的妈妈，她把专注力形容成"逃脱时间钢牙追逐的通道"：

孩子总是能将你带进当下并让你乐在其中。除非你已准备好能完全处于当下，否则就没法跟孩子一起享受。当我们熟悉练习之后，内在会产生创造性的能量。请你想象一下跟小孩子去散步的情况，走完一段街区要花的时间真是让人无法想象的长：有如此多的东西需要注目，要发表意见，还要问问题。看看脚下的那池泥水，你发现它真像个镜子。是镜子吗？还是窗户？在水里的是我们吗？或是另外还有世界？看起来跟我们的世界不大一样呀。我记得当我女儿五六岁时，每次看到青苔时就停下来，接着我们必须用手指头扮演小仙人走过这个“仙境”,因为一小堆青苔看起来就像是仙境里的树。因此，每次散步都要很久，而时间也都过得很慢。就好像孩子把时间拉长了，长到时间开始消失。孩子并不住在我们时钟滴答响的世界里，他们强迫你，把平日目标导向的行事风格，暂时放到一边去。这真是不凡的礼物与教导。

业（因果作用）

孩子长大以后，在他们的心目当中，你将会是怎样的妈妈？也就是说，你的孩子会怎样形容你（受苦的人、有耐性、脾气坏、严格、随和）？我们的话语和行为会对孩子造成什么样的影响？佛教里有个常见的说法：如你想为自身现状找个解释，那就看你的过往；如你想知道自己的未来如何，那就看你的现状。我们无法改变过去，也不能支配未来；我们所能影响的只有此时此刻，因此，必须将觉知投注在当下。这正是专注力如此重要的缘故：它影响我们的未来，以及我们孩子的未来。

对于“业”，我们不必抱持任何神奇或迷信的看法。业所说的并不是这个宇宙会有审判并且惩恶扬善。业所说的是关于因和果的道理：每一件你所做、所想、所说的事，都有其结果。

所有现象都是互相依存的，我们的每个举动都会影响下个举动，没有自行发生的事。下面的这首诗，说明了我们的想法在造业上所扮演的重要角色：

想法会展现为文字，
文字会展现为行为，
行为会形成习惯，
而习惯强化成为个性。
因此，要小心看顾你的想法及其演变，
让想法由爱而来，
由关怀众生的爱而来。

印象中，你的妈妈好像总是在帮她的朋友。于是当你看到需要帮助的朋友，就想到自己的妈妈会怎样做，便帮了这位朋友。很快，你开始帮助更多的朋友，在还没弄清楚怎么回事以前，你的个性已变得爱帮助人了，而属于这一个性的命运便在前头等着你了。

不论我们往何处去，不论我们停留在何处，我们行事的结果总跟随着我们。

又譬如，一位亲戚说了贬抑你孩子的话。你对此感到不公平。因此你怒气冲天、急急忙忙地为孩子辩护，你与亲戚之间出现了紧张的状态。当下回你们遇上时，这种情形又发生了一次，你的愤怒如雪球般越滚越大。时间一久，你就养成了习惯，当有人说了不值得回应的话时，你便有所反应。而随着每次的反应，你的个性更加固化，变得更为“防卫性”而“容易感到被冒犯”。这影响了别人看待你的方式，也影响了你找到平静及快乐的可能性。

上面这两个例子就是“业”在运作时的情形。当我们谈到业时，行为背后的意图要比行为本身更为重要。由罪恶感或责任感而引发的行为，和由爱及关怀所带来的行为相比，业的价值要少上许多。源自对别人的爱与关怀的念头，对我们的业有最好的影响。

我的朋友洛琳某个周末待在朋友处过夜，突然在饭后清理碗盘时发现自己是很善良的，因为在同样的情况下，她几乎都会这么做。她告诉自己，她为自己造了善业；但她也知道行为的意图比行为本身更重要，所以她便更进一步探查自己真正的动机。结果她发现，被人家认为是“好客人”，避免被视为负担，让自己在良心上过得去，这些才是动机。她同时还希望主人会记住这件事，而在他们来她的住处过夜时也能记得帮她做家务。

洛琳为自己的发现而感到谦卑，虽说她的行为看起来颇为友善，但动机却不然。于是在接下来的清理行动中，她开始进行慈爱的练习，把动机转为对主人的慈与悲。她让自己想到这些主人有多么疲累，他们对她是多么好，以及她对他们的友谊深怀感激。她因而真诚地希望他们能快乐、没有痛苦。

当我们被习惯及反射性行为所束缚的时候，要改变我们的命运便需投入较大的努力。每次当你以某种特定方式做事时，便使你以后用这种方式做事的可能性增加，因为你这么做是在制约自己。重复出现的举止会成为模式，我们却经常浑然不觉，而这些行为模式则造就了我们生活的样貌。

当我无法静下来休息时，会将自己封闭在客厅中，同时，却希望自己身在别处，我还发觉自己的想法会逐渐进入熟悉的模式中。我让自己的思考变得越来越负面："好无聊，真希望附近能有更多有孩子的朋友，如果我们附近的朋友有空多好，希望老公能回家，我无法再继续念任何一本童书了，我不想去公园，真希望没把蛋糕都解决掉，如果孩子更大些多好，我已经厌倦这些一再重复的家务，把碗放到洗碗机的时间又到了，别再来要果汁了！"

如果我常常屈服于这些念头（如果不想办法，这样的念头可以持续好几个钟头），我便开始将自己的人格塑造为只注意事情的负面。关于如何处理负面想法有许多小方法，我会在下一章探讨愤怒时谈到一些。有个相当有效的方法（有效到让人惊奇的程度），让我可以逃离自怜的漩涡，那就是做些专注的瑜伽伸展动作，即使孩子在我身上爬来爬去也无妨。当我让自己的身体及呼吸都深深投入在每个伸展动作上时，便会立即拥有惊人的精力，可以焕然一新地投入生活。突然之间，我又可以掸一掸婴儿车的灰尘，或踢一场足球。当心神容易游走的时候，瑜伽可以把它拉回身体里。我发现一件很有趣的事，我隔壁教瑜伽的邻居常常跟她的两个孩子玩得很疯。与孩子在一起时，她似乎很快乐。而她也说，能感受到身体且注意到身体的需要，会带来精力，让自己能够自主、平静。

了解了业的概念，我们也了解到未来掌握在自己手中。我们不需始终保持过去的样子，也不需继续以一贯的方式过日子。我们可以选择，

> 如你想知道你的未来人生是什么样，请注意看你目前的生活。

不过，首先必须察觉到自己发展出来的模式。在生命中的每一刻，我们都在做选择，而我们必须在余生一直带着这些选择的结果。我们实在没有多大空间为自己的不满足之处来怪罪父母、环境或社会体系。即使在外在环境最糟糕的时刻，我们仍然可以选择自己的内在反应：生气、原谅、伤心或是慈悲。我们对于事情的反应要比事情本身重要得多。

对于业的了解说服了我们，要我们专注在当下，因为只有当下才是我们可以影响自身业的时刻。

不时地问自己："运用当下的最好的方式是什么？"训练好自己的心，便可造善业，增加未来得到快乐的机会。

Buddhism for mothers

妈妈的禅定时刻

- 花时间来练习，让自己专注在孩子的事上，让他们在成长过程中感到被关注、被听到、被了解。
- 培养“初学者的心态”，让自己保持新鲜眼光来看待每一刻，并且对当下所需给予适当的回应。
- 深入地了解你的孩子，而不要把自己的冀求、恐惧、期望加在他们身上。
- 用专注的心找出在每个情境中可以学到的东西：对于人生的要求是否过于不实际？是否能接受人生中不可避免的不完美？
- 观察自己的身体官能感觉、情绪、想法的来去过程，培养自我觉知来帮助自己成长。
- 在你观察当下发生的小事情时，避免把这些事归类为“好”“坏”“舒服”“不舒服”。
- 你唯一可以使用的时间就是当下，因此，请好好加以运用，来为未来造善业。
- 要预期自己会有无法专注的时候，并且接受这样的自己。要对自己有耐心。

03

平和心：随遇而安、随时而变

我们可以在佛教里找到一些教导来帮助我们，让我们在做任何事或跟任何人相处时都能感到平静。

有些日子里，我的孩子就像是上天派来让我发疯的角色。尽管有许多日子，孩子在身边我会感觉欢喜，但更多的日子却是由我无论如何也不能再忍受的可怕音乐、酷刑般重复的电子游戏画面和永无休止的要求所组成的。在这些日子里，孩子们就像是培养平静能力的理想训练场；如果你能在要求超多的孩子身边掌握让自己平静的能力，那你真的是个“平静大师”了。

有太多的妈妈，在家务和工作之间疲于应付，深感分身乏术。我们都有这样的感受：整天待在家里，处在无聊、不得安宁、无意义甚至绝望等心理状态中。我们很容易就会认为，只有将所有例行事务完成，孩子都已入睡或有人照顾时，内心才可能平静。因此，如果我们能在一天当中有一小时感到类似放松的心情，或许就该算很幸运了。然而，我们可以在佛教里找到一些教导来帮助我们，让我们在做任何事或跟任何人相处时都能感到平静。在本章中，我们要来看看如何妥善处理一些心理状态，尤其是罪恶感。

处理负面心理状态时，要慢慢进行，一次一小步。不论哪位进行练习的妈妈，都会说这些方法帮她们在做亲职工作时更有耐心、更平静；但这样的改变并非一夜之间就出现，而是需要一段时间的。前进一步可能紧跟着就是退后两步，很少出现一路迈进的情形。不过，让人感到振奋的是，长期来说，整体的进步是显而易见的。

每一位我遇到的妈妈似乎都有些困难需要解决，不论是缺乏家庭的支持、跟另一半的关系紧张、没有足够的时间留给自己、睡眠严重不足，还是为孩子担忧。我从未遇到过哪位妈妈不值得别人给她几卡车慈悲和关怀的，所以我们也不该亏待自己、让自己缺少了关怀。不要在处理令人不悦的情绪时，觉得有罪恶感或感到挫折，正因为这些情绪带来了痛苦，所以我们要以更多的慈悲及耐心来善待自己。我常常提醒自己，以慈悲来对待自己所遇到的困难和失败经验，是以慈悲心过日子的第一步，而实际情况验证了这样的提醒确实有帮助。

如何处理负面的心理状态

妈妈的角色让我们遇上一些似乎是第一次见到的、相当不熟悉而且不愉快的心理状态与极端情绪。在凯特·菲吉斯（Kate Figes）的著作《生产以后的人生：即使友人也不会告诉你的关于当妈妈的秘密》（*Life After Birth, What Even Your Friends Won't Tell You About Motherhood*）当中，作者谈到：

当有了孩子以后，我们会再次出现那些孩童时期的原始情绪。我们会有极度的爱意、深深的恨意和愤怒，加上极端的焦虑和恐惧，而且会在两种极端情绪之间摆荡。

她也指出，我们对于孩子进入这个世界而担心焦虑，也会带来额外的压力。然而，我们不仅必须处理那些因孩子而挑起的情绪，还有那些因为做妈妈而在生活形态上进行调适所导致的情绪。比如说，如果我们回想起那些做妈妈以前放纵自我的日子，可能会为自己做出了如此大的牺牲而心绪难平。

我们要如何来管理这些复杂的情绪以获得内心的平静呢？

世事无常

“受够了”“太过分了”“心力交瘁”“没办法了”“崩溃边缘”“沮丧”，这些都是我们身为人母可能出现的沉重情绪。

当情绪处在最低潮时，我发觉自己会倾向于把负面的事都笼统化：每件事都很糟糕，不管过去、未来都一样，而这些都是我的错，也都是别人的错。如果在我心情较为轻松时，这样的想法听起来就像个笑话。佛教中提到的无常，提醒我们能注意到此种心情终会过去，知道自己不会一直保持这种感觉，在几个钟头之后还能很快乐。我们可以先度过这样的时刻，而不必急着赋予其重大意义。

即使孩子还小，教导他们无常的道理同样可以带给他们好处。我们可以在他们陷入较为沉重的情绪时，运用自己对于无常的理解来帮助他们，可以请他们谈谈自己的感觉以及这些感觉延续一段时间后会变成另一种情绪。他们可以从这样的谈话当中了解，自己所不慎闯入的黑暗世界并没有一直能攫住他们的力量。

整个世界就是良药

我的朋友乔安移民到澳洲还没多久，目前正是艰难的第一年，而这也是所有移民者都会经历到的。当她还在南非时，她是以女性为服务对象的暴力受害者的律师。最近，她在度过一个特别难熬的周末之后，向我感慨地表示，当妈妈让她感受到的挑战甚至要比在南非当律师时更大：

> 我以前可以写书，为受压迫的人辩护，练练太极拳，上上陶艺课。而这个周末，我花了所有时间带孩子在医院进进出出，或是在家帮他们擦拭额头降温。我到底变成什么样了，虽然我当妈妈已经超过五年了，却仍因“文化冲击”而处于震惊的状态。

为了安慰自己，乔安提醒自己：“整个世界就是良药。”在任何情况下，我们都可以问自己，从这样的情况中可以学到什么？或者，所遇到的困难也许会以某种方式治疗我们，而那会是什么方式？好在，乔安对于生活本身强迫她采取的所有调适都能平静接受。她后来写了封电子邮件给我：

> 我必须学习谦卑，这正是我目前所得到的教训。看看自己，局限于家务之中，脱离人际关系，接触不到过去建立的“声誉”，在

此新国度中努力寻找新的自我；不受瞩目，没有收入，成为我从不向往的角色（待在家里、全职母亲、依赖男人）。在过去的我和未来的我之间这片安静的暂停区里，我却寻得许多的收获。

身为母亲确实会让我们回顾人生，思索到底什么对我们来说才是重要的，也思索自己在余生想以什么方式过活。身为母亲，让我们对自己的价值观产生怀疑，让以往的许多看法因此改变（尤其是与养育孩子相关的事）。当我们为母职所苦之时，可以尝试把它当成一次最重要的学习经验来积极面对，且不管我们是否同意，许多佛教徒所共有的一项信念是：在这一辈子我们所没学会的教训，正是下辈子我们必须试着去解决的。

做个好客的主人

要想帮自己度过所有的情绪起伏，对整天出现的情绪都要抱着一种好客、接纳的心态。我们要关照每个情绪“访客”，不论是让人愉快或是让人不快的客人；不要避开它们，也不可赶走它们。我们接待每一位客人，花点时间与每一位相处；但不要过于投入，也不要把任何一位看得太重，也就是该怎么看待就怎么看待。我们不要告诉自己：“我受不了这一个。”过去我们曾招待过这个访客，因此可以再次做到。我们也不要与这个访客先神游到未来有可能发生的噩梦般的场景中，而应与它一起待在当下。

有位我所认识的妈妈觉得这个好客的主意很有帮助，便在她的情绪出现时，或在她发现情绪产生时，试着打招呼。她以类似于应对来访客人的口吻说：“喔！愤怒，是你啊！”“你好，无聊！你来了！”“喔！烦躁，轮到你了！”这样在心理上打招呼帮助她退后一步，让她得以与情绪产生某种距离。把每个情绪看成访客，对她来说也是个宝贵的提醒：情绪不会永远待着不走。

如果我们忽视这些访客，或是让自己从不安的心神状态中分神，将无法接触到自己的感觉和可能获得的智慧，或许还会借着滥用酒精、药物、疯狂购物、暴食或怪罪一切，来寻求自我麻醉。用此种方式来逃避问题，会让那些负面的心理状态更加壮大，进而造成已有的伤害之外的更多破坏，也同时错过了可以借着觉知来治疗自己的机会。

我们可能会害怕面对某些自己的心理状态。我们或许曾让这些负面情绪失控，或是错认这些情绪，以为它们曾代表当时的自己，而将这些痛苦的过往深藏在心里。然而，我们并不用针对心中的状态去做些什么。我们的行动若能基于某种觉察，而非基于否认那些让人不快的访客的存在，可能更为睿智。

接受恨意、孤独、困惑、愤怒、罪恶感及憎恶等感觉，是将其转化为更完满状态的唯一方法。这便是通往智慧的道路：接受生命中让人不舒服的部分，而不抗拒、逃避，或把它赶出觉知之外。同时，我们也借此提醒自己，完整地经历自己的情绪，让我们对于他人的痛苦及喜悦也因此得到更深入的了解。

以专注来回应

要能注意到自己的情绪，我们必须往后退一步、仔细地看，而不要自我谴责。只需注意而非批判那些想在糟糕的心理状态上火上浇油的想法，以及任何出现在身体各处的感觉及紧张。对此，有一位练习专注的妈妈这样说明：

> 身为人母的我常与挫折感奋战：我一直都有些想做却不能做的事情，因为我的孩子需要很多关注。练习专注帮助我把这种挫折感控制住，不是以压抑的方式，而是观察自身情绪所带来的效应：我会怎样自言自语、双肩紧绷、眉头深锁、呼吸急促。我试着观察情绪如何演变，心念怎样喋喋不休。然后开始有意识地呼吸、微笑，并且释放紧张的肌肉。

我们也可以把内在所体验到的感觉，加上标签来告诉自己，例如："有感觉……有感觉……有感觉……"不管是在修行中，还是在日常生活里，这个加标签的动作让我们保持以观察者的角度，继续担任驾驶者的角色，而不会成为被失控的情绪载着跑的乘客。如果我们觉得自己越来越紧张了，可以缓慢地加注："在紧张……在紧张……在紧张……"然后当我们放松时可以说："放开……放开……放开……"我们可用缓慢而重复的方式，为正在出现的情绪加上标签："愤怒……愤怒……愤怒……""罪恶感……罪恶感……罪恶感……"无须批判任何情绪好或坏，我们只须看着情绪出现，看着它成形，看着它消逝；而这正是所有情绪最终的归宿。我们不能让任何情绪有机会深度地影响自己。

当可以看清自己的心理状态时，我们会因此有了一时的清晰感。佛法的教导可以总结为一句话："停住并了解。"这句话主要说的是：要能觉察负面心理状态的出现，并且深度地了解，更清晰、更有建设性的心神状态是有可能出现的。你若了解负面心理状态只会破坏你希望改善自身的努力，便会立即采取积极的解决方式。你就像是"醒来"一般，看清当下你真正需要做的事；以往的错觉转为清澈的视野。

无处不在的罪恶感

有些妈妈说，她们没有一刻不带着罪恶感。担心自己投入的时间和精力对孩子来说不够，这对许多有工作的妈妈都是一项痛苦的根源；而且孩子越小，担心越多。身为母亲还能找到更多理由来自责。我们可能觉得自己并不够格当完美母亲，当妈妈的不就该对母职满足吗？而由于时间好像不够用，我们因此也忽略了其他的关系：与另一半、亲人、朋友和社团的关系。我们会被想法折磨：不论正在做什么，我们其实应该去做另一件事才对。例如，如果正在做家务，我们会觉得其实应该念书给孩子听，或者刚好相反。

罪恶感是一种让人感到困惑的情绪，因为，虽然我们知道这会让我们渐渐变得不快乐，却也很容易告诉自己抱着这种心理是值得的。我们甚至会对自己说："我可能做错了什么，不过至少我还会感到羞愧，如果连罪恶感都没有，那我就真的是个很糟糕的人了。"同样，我们也用罪恶感来挡掉别人不赞同的看法，我们会试图以"至少我们对自己不能做到完美还会感到很差劲"来说服他们。

我们必须感受自己的罪恶，也体会罪恶感对于身体感官造成的影响。重要的是，需辨识出让我们感到罪恶的想法是通过何种信念得以继续燃烧下去的，也要追踪自己在这个心理状态下花了多少时间，而其中有多少真的有帮助。

如你需要解决某个棘手的两难情况，例如是否要把孩子全托，那么用纸和笔来做分析，而如果时间允许，能先以冥想来让心平静下来会更好。在写东西时，你可以因此对自己的想法更能觉察，让自己不至于被带着走，进而产生痛苦。写出一些让你可以探索自己复杂感觉的问题：是否有任何不合理的信念或期待，让你的罪恶感因而得以越烧越旺？你是否在试着安抚某位爱批评的朋友、亲戚？你手上有什么确切的证据可以支持自己的担忧？做决定之前，先将正反两边的情况列表，并将每边的各项权衡轻重。当你能以这种方式来让意识加入这个过程，便可抗拒因所作所为而担忧的倾向。

正由于这些理由，我一向都坚持写日记。狂乱地在纸上记下想探讨的事项，让我散乱的心神得以清爽，让我的想法获得整理，也激发出更多的选项。我已经能有意识地解决自己的问题，而不会只是因为感到愤怒、无聊、罪恶感或其他毫无益处的状态，便做出反应。对几乎所有重大的决定，我都有个正反面事项列表，而在探索不舒服的情绪上，也记下了数百页的笔记。虽然我很少回头再读这些东西，这却是帮助我保持专注力不可或缺的工具。

你可以用同样的方式，帮助自己寻求圆满处理罪恶感的途径，或解决让人困扰的事。我们所习惯的思考方式会把自己绑在死结当中，无法动弹或变得执着；但通过适当的练习，可以帮我们获得心神的宁静，让我们与问题拉大距离，从而得到正确的认识。一开始，先专心在自己的呼吸上，让自己找到一些宁静。接着，对自己的问题抱着一种探究的精神，可以客观看待事实。要抗拒、不让自己被任何强烈的想法及情绪带走，并注意自己的所有反应，以及这些反应对于所要处理的事项造成的影响。在你的问题周遭制造出这样的空间，可以让你的解决方式变得具有创造力。一些新的可能性或许便会突然出现在你心中。

接受万物：平心静气

东方文化比较讲究内在的修养，与“平心静气”类似的词汇较丰富，也比较常在生活中出现。很可惜这类词汇没被更广泛地使用，毕竟，它的概念很能鼓舞人心，而且可滋养我们的生命。它所指的是，以接纳与耐心来感知生命中所有层面的能力，而非我们所经常呈现的极端反应。平心静气让你可以处变不惊。你可以处理一般认为相当“糟糕”的事情。同样，当“好”事发生了，你感到愉快，却不会因此便执着或依赖此事。

我们可以通过以下这些用语来帮助自己了解平心静气的意义：

- 包容
- 平等心
- 不执着
- 无分别
- 平衡
- 从极端中解脱
- 放手

最大的快乐来自不因变动而受影响的平静。因此，开悟的人接受生命所呈现的一切，没有什么事可以让他们紧张、不安、亢奋。而对于我们其余的人来说，只要下功夫来培养平心静气，多少都能帮助我们更为平静。以平心静气来回应所面对的事，并不代表对自身生活的变化变得漠然。我们会更像睿智的父母，愿意让已经长大的孩子离开，让他们加入成人的世界；睿智的父母仍然关心孩子，但能够放手，让他们自由；

他们不需要控制孩子，侵入孩子的新世界，或是担忧；他们不会提出要求，但也不缺乏爱及关注。

不期待完美

我的朋友乔安从生产的经验中学到重要的一课：如果她想好好面对新生活，势必放弃控制。她不遗巨细地为生产做准备，几乎没有一本相关的书没读过，没有哪个细节她没计划到；她如此期待着自然生产的到来：

> 我想要接生婆帮忙，也准备好要面对疼痛。

而结果却是：

> 经过34个钟头的阵痛后，虽然我并不害怕，但有位男性医生提议我做剖腹产手术，让我结束漫长的疼痛，我还是很感激地接受了。
>
> 从那一刻开始，我一辈子的使命——做自己的主人——被终结了。曾经，我是位战士、斗士，所经之处男人也会因恐惧而颤抖；如今，却要随时准备回应一个干瘪多皱纹的小外星人的召唤，而这个小人甚至还不知道我是个与狼共舞的女强人。突然之间，所有想象之中的我，彻底被这个新的情况挑战了。我一辈子都为了独立在奋斗；赢得尊敬，赢得控制权。而如今，我成了一副被压垮却还在漏气、塌陷的行尸走肉。

有了平心静气，我们可以接受“现状”，而不再试图控制那些无法避免的事，或者说无常。佛法说到八种世间的状况（八世法、世间八法）：人生就是由得与失、乐与苦、誉与毁、美名与恶名所共同构成的。不论我们多努力来设法得到或避免其中一项，迟早都要经历所有的状况。每一项都会来会去，正如生命中的每个面向也始终在变动一样。我们永远也不知道下一分钟会发生什么事，而这可能让我们不大舒服，但若想要能够完全掌控所发生的事，或者人生始终一帆风顺，则是不实际的态度，会让我们受到的苦更多。苏珊是两个孩子的妈妈，她为完美主义者提供了以下这些让人心安的话：

> 能够注意到当父母是极端困难的，且不期待完美，是一件很重要的事。世上没有完美的事物，我们也不必完美。相反，我们在面对这个相当神奇、穿插着特有的爱与苦、所谓我们的人生时，得好好来处理。我们同意出席其中，同意接受每一刻所发生的，并对于当下及我们本身的真实状况培养全然友好的态度。

身为母亲，我们常会觉得孩子在身边时没办法放松，永远无法知道下一刻会出现什么情况：一团糟？新的要求？心情上大幅变化？危险？想要能平静一点，只能学着不让自己执着于生活的稳定、对情况的控制及条理秩序等，这样多少能放开手，并接受“我们所面对的情况始终在改变”这个事实。有了平心静气，我们不再将生命当成战场，而开始能随遇而安、随时而变。我们也更能够忍耐，正如苏珊所说：

> 因为对孩子的爱是如此猛烈，我们能慢慢接受以往所无法忍受的。忍耐并不轻松，也不舒服。但忍耐让我们可以接受不快，并在过程中也能悠然自得。

我们可以通过寻得宽大的胸怀，让心不落入琐碎而窄小的境地，而得以忍耐。如果你把一匙的毒药加入一杯水之中，只要喝上一口可能就要了命。而将等量的毒药加在大湖之中，就算喝一口也不会有事。相识的人说了句不体已的话，若是心量小，我们会反应过度，或许还会为那句话气上几天。心量大的话，我们可以耸耸肩就算了，不重要嘛！

那些芝麻小事

请想一想那些会把我们“气疯了”的情况，那些我们身处在宝贵的当下却无法得到平静的时刻。那些我们无法处理的事件，长期来看并不重要，却因为我们气疯了，就忽略了其他可行的反应方式。请想象一下，如果我们能培养出宽大而平静的心胸，日常生活会多么不同啊！孩子把牛奶洒在地毯上：平心静气。儿子整个晚上都在嘤嘤啜泣：平心静气。女儿独自个儿生闷气，另一半工作到很晚，让人难受的噪音、气味、眼见之物：平心静气。

我们其实忘了，原本不需被周遭这些数也数不完、会带来不快的事物所控制。我们甚至可以慢慢学着把这些事物看成磨炼耐性的机会而加以欢迎。例如，对着路口的红灯微笑。虽然这种建议刚开始会让你觉得难以置信，但这个练习帮助我将紧张释放掉，也让我在经历堵车后到达目的地时的心情较好一些。

菲奥娜有两个儿子，她的看法如下：

> 我知道自己已经变得比较“温和”，不会那么快发脾气，我还真佩服自己呢！我还注意到一件事，如果家里发生什么意外，像是饮料洒了或干毛巾掉进洗澡水里，我根本不会在乎，清理一下，继续做别的事。

菲奥娜的修炼很明显增加了她的能力，让她足以把平心静气的气度带到日常烦人的琐碎小事上。

平心静气不仅让你能面对“坏”事，当发生了一件我们认为“好”的事情，有时候会因此出现依附的感觉，而这对平静的心会逐渐造成不利的影响。如果我们容许自己依赖这些好事来让自己获得快乐，便会对这些事产生执念。有了平静的心，我们既可为孩子庆祝拼字测验或游泳比赛的好成绩，又不会要求他们以后的表现要一样棒。我们能感谢邻居帮忙照顾小孩，而当他们无法做到时也不会生气。我们对吃几片巧克力饼也会觉得是件享受的事，而不必一定要坐下来吃上一整袋才满足。

练习平心静气

心能平静的人知道，每时每刻都有同样的重要性。换尿片、擤鼻子、念故事或排队等候，都是练习专注力的好时机，也是得到更多智慧的好时机。每时每刻都是崭新的。此时此刻并不延续，因为它正在变成另一样东西，而这使得当下格外珍贵。现实的真相在每刻之中。要发现它，诀窍在于用全然接纳的态度来感知，没有批判、分别及要求；当然，要先能注意到才行。

> 别追寻过往，
> 也不要迷失在未来。
> 过往已不再，
> 未来还没来。
> 深深注视人生本来的面貌，
> 就在此时此地，
> 修行者安住，
> 在平稳与自由之境。

当我们在练习平心静气时，对于发生的事不要妄加批判。我们的注意力会游移，不要因此责怪自己，只要把注意力带回呼吸上；当某处感觉痒时，不要急着抓痒，可以花点时间来探究那种感觉；当觉得不安或无趣时，也不必批判自己有这样的感觉，而要感受这些情绪，注意它们怎么出现、持续而最后消失无踪。

在看时，只是看。在听时，只是听。在闻味道时，只是闻那味道。在品尝时，只是尝。在感受某种触觉时，只是感受那触觉。在觉察某个心相时，只是觉察那心相。让所有的事物在当下停住，洞见就会自然随机示现。

练习专注可以帮助我们保持冷静、平和，对所有的事情都能正确观照。

练习平心静气，看起来似乎会让我们压抑情绪或尝试控制情绪强度，但实际上并非如此。当练习加深，自我身心也成长时，平心静气会来得很自然，同时我们不会忽略或逃避任何一种心理状态。如果出现愤怒或易怒的情绪时，我们只注意看着它们出现、持续、消逝，而不给予这些情绪额外的压力。以这样的方式来感受自己的情绪，不让它们缠住我们，我们便可以冷静应对。

崩溃与大笑之间

当发展出某个程度的平心静气及宽大胸怀时，你可能会发现自己对过去让你暴怒的事情可以一笑置之。

接下来是发生在我身边的关于快速排便的小故事，妈妈们应该很习惯这些事了。

在我第一个儿子两岁时，有个星期天，天上正下着雨，我丈夫在悉尼大学的运动馆里锻炼。我很想平静地看看报纸，就载着儿子扎克在校园里绕，希望他会睡着。十五分钟之后，他还醒着，而我也注意到自己的挫折感出现了。为了让自己平静下来，我试着让自己专心在呼吸本身及身体的感觉上，就在此时，扎克说了："我想便便。"

我根本不知道厕所在哪里，而且浪费时间去找会有风险。我把车子停在"禁止停车"的牌子下，然后，我们便手脚并用、蹒跚地爬入雨中，让扎克完成他的工作。当扎克拉起裤头的时候，我那串了六把钥匙的钥匙环掉进他的大便里了，完全陷在里头。我赶忙跑进车里，却找不到卫生纸，就在这时，我看到有位管理停车的警察正慢慢向我走来。我毫无选择，只能赶快用湿叶子把钥匙清理一下，而我儿子在一旁重复地问："妈咪，你为什么把钥匙掉在大便里面？"

> 寻求庇护，不在他人，而在自身。

这件事有意思的地方是，当我在清理钥匙的时候，竟然还能微笑。我的情况实在很可怜，而这让我觉得好笑。我丈夫在暖和干爽的运动馆里享受他的美好时光，我身上却是湿的，手指裹着一层大便，看报纸也没指望了。我们身为母亲的人都有类似的迷你灾难故事，这些事长远来看并不严重，但如果不加以注意，也可以让你濒临崩溃。你可以任由压力把你压垮，也可以好好笑几声。平和心帮助我们，让我们笑得出来，让那些事不会膨胀变形，而我们也不会投入过多的情绪。

Buddhism for mothers

妈妈的禅定时刻

- 提醒自己，不管你目前的情绪多强烈，终究会过去。也找机会跟你的孩子分享这份教导。
- 问自己，从困难的情境当中可以学到什么。请记得，整个世界就是良药。
- 把每个刚刚出现的情绪都当成访客，它们值得我们好好对待，不要想避开或压抑，而要接纳。
- 注意看你的情绪，并加上标签，可以用“有感觉……有感觉……有感觉……”，或更清楚一点，譬如“不安……不安……不安……”。
- 如果你身陷负面的情绪状态当中，为自己找出一些空间“停下来了解”情况，或让自己清楚看出比较有帮助的选择。
- 如果你与罪恶感在奋战，把它写下来并进行必要的练习，让你可以有意识地找出妥善处理自己感觉的方法。
- 努力尝试，让自己可以接受不完美及不愉快，与这些状况对抗只会产生更多压力。
- 请试着领略每一时刻的宝贵。

04

愤怒：一时而非永久的状态

如果我们能加以探索，并妥善处理，愤怒可以让我们看到事情的核心，也让我们有机会得到智慧。

我们的另一半可能有时会说些不体贴的话、工作到很晚、打鼾、吃东西声音很大，我们的孩子可能不听话、打架、唠叨、发牢骚。家居生活呈现在眼前的面貌，很可能会让我们在愤怒的状态中消耗许多时间。有时候我们会发个较温和的脾气，略微感到不快或讨厌，也可能斥责孩子或与另一半争吵；还有些时候，我们气愤到无法自制，会出现粗暴的言行或报复的想法。在家庭以外也一样，想出一个让我们觉得有敌意的人并不难，有时还可以想出一长串的人呢。我们甚至还会对陌生人生气，只要开车绕绕我们的城市，就足以让我们当中最温和的人变成很不友善的斗士。

家居生活中不断出现的家务事，还导致我们缺乏时间照顾自身的需求。有时候，即使洗个澡也会让自己觉得受宠若惊，而对某些需要长时间工作的妈妈来说，情况更是严重。爱瑞恩谈到，当她难得偷闲来写作，却被孩子打断时的内心感受：

> 我会觉得，在这种时候，他的要求是故意的，是想把我仅有的十五分钟都骗走。我开始生气，觉得不论怎么尝试都无法挽救自己，也感受到我们之间是不平等的。同时面对我和孩子的需求，我总是得放弃自己的需求。我告诉自己，即使只有一刻的自私与平静，只要能离开孩子那么一会儿，我就能好好爱人了。

乔安也有类似的想法。同样身为人母的她，写了这首跟压抑怒气及放弃以往生活有关的诗：

> 她极力掩饰那顿脾气带来的羞愧，
> 只因她的孩子小小地违了规。
> 从不知这脾气所闷烧的是终要忘却的心痛。
> 她落入回忆里、梦想中，
> 折叠起自己的边边角角，
> 就像张干净的餐巾，
> 藏起污渍、脏污、属于最神奇、吉卜赛自我的那些。
> 这人生，这完美而快乐的人生，
> 或许因此可以没有麻烦、没有悲哀。
> 她写这歌给自己，
> 如今吟唱，为那些无处容身的自我。

这两位妈妈，就像我们当中的许多人，也为了身为母亲所需做出的自我牺牲而忿忿难平。

在佛教里，愤怒，特别是表现出来、有所行动的愤怒，被视为如敌人一般。若能好好处理，愤怒有可能让我们因此拥有一些内在的支撑，那些赖以保护弱势者或为正义而努力的支撑。如果我们能加以探索，并妥善处理，愤怒可以让我们看到事情的核心，也让我们有机会得到智慧。不过，愤怒也是慈爱心的最大敌人，通常会带来破坏力。愤怒对我们内心的平静及慈悲的胸怀具有扰动的效果。

表达愤怒的方式并不只有情绪上的爆发或充满敌意的冲突。我们生气的方式有许多种，除了冷战、退缩，还有冷漠的应对及丢出冰冷的意见，等等。对女人来说，愤怒使你在人际交往中较难被接受，因此我们大多会压抑。如果有专注力，我们可以更容易察觉那些在心里翻搅的情绪。

> 停止生气让你不再受苦，也带来平静及快乐。
>
> 愤怒是唯一所有智者都同意要戒除的大敌。

恶性循环的愤怒

在亚历克斯出生后的最初几周，我大概每晚只能断断续续睡四个小时。当亚历克斯紧紧扣在我的胸前吃奶时，我的感觉就像是有人在用订书机向我施酷刑，让我痛得尖叫。我的内心虽然充满了对新生命的喜悦之情，但同时也因家庭生活受到的冲击而惊魂未定。我就像是坐在一颗情绪的溜溜球上，阴晴不定。有个周六，我的丈夫竟然斗胆整天都给我脸色看，把我气疯了。如果说有谁可以心情不好，那应该是我才对。他的工作应该是在我如故事主角般努力奋斗之际，给予支持、鼓励，这才合乎情理。我整天忍着，一声也不吭。

我丈夫一向形容我“有耐心”；因此，那天晚上，当我气呼呼地走进卧室，抓起床头灯，向他脸上扔去时，他显得相当惊讶。这么做并不算聪明，而我丈夫也不再跟我说话。我在婴儿房里坐着，不知道接下来该怎么办，然后突然想到，我不应基于愤怒而行事。我回到卧室，向他道歉，然后轻声发表了一番煽情的演说，说到我们必须团结一致，在艰难的日子里，应该如何像团队一般合作，等等。我们谈了一会儿，紧张感消失了，然后便一切恢复正常了。我多么想告诉大家，和好之后我们热情地做爱到深夜，但事实上，身为新生儿的父母，我们累到连这件事想都没想过。

有许多妈妈用生气来避免被剥削，因为如果她们不生气，所有的人都会骑到她们的头上来。但我们其实在面对孩子时仍可以坚持，在面对别人时仍可以充满自信,而不必诉诸愤怒。愤怒会让未来的路难走。首先，愤怒对我们的“业”没有好处：每次我们因愤怒而行事，都会让下次如此行事的机会增加，让我们变得具有侵略性。

当我们表达了愤怒的情绪后，在一时之间或许会有轻松的感觉，那是因为由于自我肯定而得到自以为是的光荣：“怎么样？总算让他们知道了！”但是愤怒造成的最大讽刺在于，它对我们自己所造成的伤害，要多过对我们生气对象的伤害;不管那对象是家人、朋友还是陌生人。有时候，我们可能觉得无法避免生气，而放弃了原本可以选择的较为圆满的方式。未加防范之下，愤怒损耗我们的精力，威胁我们的健康，并且逐渐耗蚀我们做出明智决定的能力。心存宿怨则让我们原本平静的心遭到毒害，让我们将自己的行为合理化，而逐渐无法看清自己。

愤怒与仇恨的关系密切，同样可带来愈演愈烈的暴力与毁灭行为；每一件新的暴行都造成更多愤怒，所以暴力永无休止的那一天。

在我们与别人的关系当中可以看到，某方因愤怒而做出的行为常会引发另一方同样的行为，或至少是防卫性的行为。使关系不致解体的唯一办法，就是在两人之间能有较多基于爱意的行为。就如同这位妈妈所发现的：

> 仇恨绝无法终止仇恨。
>
> 仇恨只可能通过爱而消失，这是永恒不变的真理。

有好几年了，我丈夫和我一直卡在毫无变化、彼此抱怨的关系中。我们经常发生冲突，而这些冲突无助于我们得到想要的结果。若我先攻击他，他会马上防卫自己，而不会先考虑我是否说得有理；而理所当然的，当他攻击我时，我也会有相同反应。最后，我们终于了解，这样对待彼此，只有让两个人越加极端，也让我们始终局限于原本的观点之中。不用说，家里的气氛可是一点也不舒服。我们晓得，必须找到不一样的方式来解决彼此意见上的差异，为了孩子更是必须如此。我们想把重心先放在消除家庭中的愤怒情绪上。我们的做法是，在讨论让我们生气的事项时，以比较平静、考虑较为周全的方式来进行，而如果我们觉得情绪渐渐升温时，甚至可以先离开一下房间。

向内探索，驯服愤怒

要让自己更纯熟地来处理愤怒，首先要能够接受关于无常以及受苦的真理。首先，虽说愤怒在当下会吞噬我们；但我们必须了解，它仍是一时而非永久的状态。基于一时的状态来“行动”会造成破坏，因此我们必须加以克制，也就是先停下来。我们也要提醒自己，第一圣谛所说的，受苦、不完美、不满足都是生命当中无法避免的。就算是生气也不能改变这一点，既然如此，我们为何还要浪费自己的精神呢？

那么，当我们想生气时，怎么办呢？责备自己并没有用，因为感到气愤而对自己发脾气，只是火上浇油。我们该做的是，紧紧盯住自己的愤怒情绪，一直跟随，到它形态改变或消失为止。要小心的是，别让自己的愤怒如脱缰的野马，也别让心中只充满愤怒。我们只需把愤怒当成访客，而不要被愤怒牵着鼻子走。伊冯娜也是一位母亲，她在接受访谈时说：

> 当我的孩子还小的时候，如果我感到害怕，会以生气的方式表现出来，然后觉得自己很差劲。后来，我学会了怎么处理强烈的负面情绪：不去压抑也不要释放出来。我知道有第三种选择，也就是要能与自己的情绪同在，不必否认、不需压制，也不要发作。如果你生气难过，可以先注意自己身体的感觉，譬如肚子的感觉、喉头的紧绷、胸部是否有压迫感；你甚至可以承认有许多愤怒快要出现了。描述和承认你的情绪，跟有所行动完全是两回事。我很快就了解到，不管将要出现的是什么样的情绪，都会非常快就消失。这样去想，帮助真是很大。

最近我跟两个儿子去参加为期两个晚上的亲子活动。参加者都被事先警告，晚上在宿舍周围要放低音量。这事发生在晚上九点三十分左右，我儿子扎克在经历了一整天的探险之后，已经很累了。几乎没有任何理由，他便开始大声哭叫，就在宿舍外头。这正是三岁小孩疲累时会做的事。我慌了，试着捂住他号啕大哭的嘴巴，却没有用，心里同时在想，每个小孩都已经被吵醒了，每个父母都在咒骂着。还好来了一位家长，帮我抱着宝宝亚历克斯，而我抓着扎克，在暴怒之中把他拖到我们的房间里。

> 愤怒有三个成分：
>
> 一、我们感觉“有东西让我们觉得不舒服”。
>
> 二、对于自己所受到的伤害，我们加以“夸张”。
>
> 三、我们发展出“想要伤害他人的想法”。

当扎克继续号叫，告诉这位好心的家长我把他抓痛了时，我心里非常生气。周围都是宿舍，所以我不能对他大声说话。我所能做的，只是把他的手臂攫住，从我咬紧的齿缝之中，轻声威胁要立即终止我们的假期。这位家长看着我，让我觉得自己很可耻，身为一个平和有爱心的妈妈的形象已然破碎。她安抚扎克睡着，而我则以母乳来喂亚历克斯，因为他也开始哭了。当她离开时，扎克几乎马上就睡着了，而我烦透了，只能发出叹息。第二天早上，当我走进大家共进早餐的房间，十五张脸在看着我，于是我心里就想，他们都已经知道我们这一家人所带来的骚动了。但我错了，多数的孩子其实前一晚都睡得很熟，而大人们都去参观寺庙了。

愤怒的三个成分都在我的这个故事里了。我“感觉有东西让我觉得不舒服”：扎克一直在叫，可能把别人吵醒了；我“把所受的伤害夸大了”：每个人都被吵醒、生我的气，还会谈论我，当我去吃早餐时还意味深长地盯着我看；我还“想伤害”我的儿子：我想用终止假期来威胁他，对他吼叫，想让他因为害怕而服从。

愤怒会让我们想伤害别人，所以，我们必须弃绝这样的心理。这个过程有两个阶段：首先，辨认出愤怒所具有的负面力量，并且将其视为敌人；然后，试着探索自己的内在，找出愤怒的原因，并加以去除。愤怒很容易让我们把心神集中于外在状况上，而很难向内探索，找出问题的原因，而这就是为什么我们对于愤怒很自然的反应会是责怪，以及焦急地为自己找借口。但当我们可以向内探索时，会发现自己对于“好”和“坏”的看法，即是自己所执着及逃避的对象。

在发生上述事件后，我向内探索，发现自己对发脾气一向感到相当恐惧。我很自然地想逃开，避免让别人失望或不快。我似乎很需要让别人认同我是完美无缺的。而为了要逃避，我期望我的三岁小孩能够像天使一般保持安静并且体谅别人，而事实上，他的这个年纪还是以自我为中心的。往内心更深处探索，我发现了对自己的评价：如果我打扰了别人，我就不值得敬重、没有价值。除非我总是能让每个人高兴，否则我就失败了。当我们把自己不合理的想法以文字表达出来时，会发现听起来真是十分可笑；而我们的生活常常是由这些信念所塑造出来的。回头想过以后，我明白了自己在当时可以处理得更幽默些，而不该在扎克的突发状况上火上浇油。就算无法做到，我至少也不用如此过度地反应。

我们可以重复对自己说：“我不会屈服于愤怒”或“我会弃绝愤怒”。这样可以让我们的心有所准备，对于可能触发我们愤怒的事做好防御工事。我们要努力培养耐心、能够接纳，而不坚持生命必须以其本来面貌之外的样子出现。

生命当中总是会出现引起不快或带来痛苦的状况。能够拥有耐心并能接受任何状况，我们才有可能体验到长久的快乐。如果我们的快乐必须满足一些外在条件，我们的心便无法平静。当我们的心灵成长了，逐渐具备了平心静气的能力，越来越有耐心，也就更能接受外在的环境状况。

但这不意味着我们变得被动或冷漠，而是我们的行动基于平和的而非极端的情绪。

厘清愤怒，善后处理

如果你已经啪的一声，基于愤怒揭竿而起，一切已经太晚时，该怎么办？贝琪的儿子山姆七岁。她相信，让儿子了解她是如何对付自己的愤怒情感的，会有正面效果；因此，从三岁开始，她便与儿子分享一些关于愤怒情绪的详细情形。当谈到儿子常给她建议时，她大声笑了起来。如今，儿子已能很清楚地了解，她若生气并不是起因于他，而是由于她内在心理世界所处的困境。

正如贝琪所说的，我们希望孩子在做错事时可以道歉，那么我们便需示范这样的行为。当她发了脾气，她会试着负责地向儿子承认自己错了。他们会一起讨论发生的事，并注意到：（1）她的反应并没有帮助；（2）需要有个替代方式。然后他们会讨论处理这些事件的不同方式。在这些讨论之中，她强调了业的概念，就是每个行动都会造成影响：当你说了甲，我感受到乙；当你做了丙，就发生丁。

贝琪甚至还画了张“酷话表”来让她与山姆能为自己所讲的话负责。如果他们之中有人用了伤人的话，并且讨论之后都同意这是“酷话”，就在犯规者名字后面画个叉叉，到了周末时，看谁的叉叉较少可以得到一次奖励。贝琪也承认，她从来没有得到过奖励，不过这张表让他们可以进行一些非常有建设性的讨论；例如，关于两种说话方式差异的讨论：坚定说出自己主张的话以及较不适当的冒犯人的话。

有许多和我交谈过的妈妈都认为，如果她们发了脾气，向孩子道歉是重要的事情。道歉是让她们打消怒气颇为有效的方法，也让她们更谦卑。就像这位妈妈所说的：

> 这就好像把一些权力让渡给孩子，而不再是由自己全盘掌控；特别是当你希望他们原谅你的时候。有许多父母都认为，他们必须在孩子眼中看起来毫无缺点；但我认为，如果你能够教孩子如何来面对自己不完美的时刻（而我们的确都不完美），对他们来讲，你反而是帮了大忙。你如果能够不时告诉他们："我做错了。"你或许在哪一天会发现他们也愿意对你说同样的话。那么，他们已经学会为自己的行为负责任了。
>
> 我同时也认为，当我们心情不好或事情棘手的时候，我们应该先给孩子警告。跟他们分享自己的心理状态，可以避免让他们认为我们的行为是他们造成的。应该要让孩子知道，当我们的心情不好时，不一定全是他们的错。

被别人冒犯的人如也冒犯那人，
便伤害了自己及那人。
当你感到受伤却不去伤害那人，
你便真的得到成就。
你的做法及成就使你们二人受益。
当你了解在自己心里和别人心里的
愤怒源头时，
你的心便可得到真实的平静、喜悦、
轻盈。
你成了治愈自己也治愈那人的医生。
如果你不了解，
便会以为傻子才不生气。

至于凶恶的司机、心情不好的老板，还有其他有压力的人，都可能造成我们内心的愤怒，该如何应对？我们可以告诉自己，要处罚这些人的不当行为，并不一定要我们自己来，因为业的法则会做到这点；我们甚至可以试着给自己挑战，以慈悲来面对那些替自己造恶业的人。

原谅：每个人都有其不易

在某些人际关系当中，我们可能会遇到某些阶段，必须能宽大赦免、原谅别人，才有办法继续过日子。如果我们继续怀抱怨恨，便会让自己为过往的伤害而生活在愤怒当中，心会变得狭小，以至于无法感受到任何生活乐趣。虽然，对别人不体贴的行为回报以原谅似乎并不合理，但只要我们能够原谅别人，就可以放掉那些让我们痛苦的感觉及记忆。这样慈悲的行为是我们可以感到骄傲的，也让我们有机会为自己心灵上的成长而欢喜。在某些情况下，这甚至是需要大爱及大慈悲的行为。

当然，在受到伤害之后，太早以原谅来取代还相当强烈的愤怒情绪，其实并不实际。我们并不能因为“应该”原谅就以为自己做得到；除非我们已经准备好了，否则是强求不来的——而这可能需要下点功夫。这样的功夫可能包括运用正当的言语以及专注的倾听来沟通（请看第 7 章）；或者，也可以通过慈爱心来播下想法的种子，让自己终可原谅别人（请看第 9 章）。

有时候，只有经过许多年的努力，才能够真正地原谅。我们可能必须等到时机成熟，而与此同时，我们会发现自己的情绪正慢慢进行着几乎看不到的转变。原来的暴怒可能变成比较温和、比较没有伤害性的退让。在能够宽恕以前，我们可能必须忍受煎熬，但因为这可让我们卸下不快情绪所造成的负担，这样的努力是值得的。

原谅别人也可以通过合乎情理的认知：我们都需与自己的妄念、困惑、不完美作战。若能记得自己也曾在有些时候伤害了别人、行为自私、需要别人原谅，可能也有帮助。或者，我们可能必须面对自己在冲突当中所需负的责任：我们的意图、行为、话语在道德上都属于完善的吗？

要小心不愿意原谅别人的怒气对于自己身体的影响。身体把这份紧绷感存放在何处？这份紧绷是如何影响你的心理状态的？请了解怒气对于你自己以及业的影响。如果你能够不再有这份怒气，将会感到生活有哪些不同？

如何驯服不正当的想法

我不应该忍受这种事情！这完全无法忍受！他对我一点也不尊重！她怎么敢这样对我予取予求！我们有很多问题都源于自己的想法。因此，一定要好好地处理想法，让我们的想法能带有爱心。

如果想要改善自己容易生气的倾向，就必须处理自己的想法。首先要做的事情是，注意自己的想法，但不要顺着自己的想法随波逐流。这些想法可能相当具有威力或急迫性，而让我们完全脱离当下，以至于我们必须真的“停下来了解”或“提醒自己要记得”才有办法注意到这些情况。然后，我们必须辨识出哪些想法是不正当、没有意义或让我们无法快乐平静的。

这些都不算特别具有开创性的方法，但正因为这些方法经得起时间考验，所以我们经常听到类似的建议。不过，让我觉得有帮助的是，佛陀把他的建议以五种选项的面貌来呈现。例如，他并不是说，不论什么时候，当你有困扰的时候，多想想积极的东西就好。他也没有说，要避免恼人的想法，用意志力来克服就可以。因为我们知道，这些选择中的任何一个都无法在所有情况中具有吸引力。我们可以自己判断、选择当中最有效的方法，或者将多个方法组合起来运用，以适合我们所需。

一、正向思考。
二、考虑后果。
三、让自己分心。
四、考虑替代的办法。
五、运用意志力。

正向思考

第一个选项：如果你的心升起欲念、厌恶、困惑等不正当想法，且被困扰，你应该转而注意别种与正当想法相关的特性。就好像熟练的木匠，会用小木块来把大木块打掉一样。

妈妈有可能因为缺乏睡眠或精力，或两者都缺乏，而在某一天发现自己落入来回踱步，同时对相当多人（我们的孩子、别人的孩子、许多应该更明理的大人）生气的情况。对于每一个人，我们都可以提醒自己他们的好处以及他们做过的善举，就像当我们让别人生气时，希望他们为我们做的事。每当我注意到朋友或亲戚做了些慷慨仁慈的事，我都会试着把这些事记住。万一有一天，我开始以负面想法想着这些人的时候，就可以提醒自己他们做过的这些事。有位妈妈就以同样方式来看待她的另一半：

在某些日子里，我会被愤怒的情绪完全吞没，我会像演戏般对自己大声宣告，我的婚姻已经结束，我们两个绝没有办法可以白头偕老。等我从想法的云霄飞车上下来后，当我可以整理自己的思绪时，我会提醒自己我丈夫的种种好处，也想想那些因他的慷慨或体贴而让我觉得感激的往事。

我们也可以试着对别人给予宽容，在负面想法发作以前就加以截断。譬如，你可以想，某人所说的话不一定是在针对我们；他们迟到也不是针对我们，而可能是时间掌握不佳造成的；孩子可怕的行为并非对我们有意见，而是对日常规律改变的反应。

考虑后果

第二个选项：仔细考虑不正当的想法可能造成的后果，你可以这么想："这些想法并不正当，这些想法有缺失，这些想法真的会造成痛苦。"

请提醒自己愤怒行为所带来的大讽刺：它对你所造成的伤害要比对伤害你的人造成的伤害更多。也想想你自身的业。每当你选择用愤怒的方式来回应，你就等于制约自己下次会再次这么做。如果我们把自己制约成容易生气的人，又怎么能找到心灵上的平静呢？

以我个人来说，我曾以愤怒的情绪来处理一些困难的事，因此有深刻痛苦的懊悔。在情绪爆发之前，我让情绪紧绷的状态不断加剧，这样做不但很傻，也对我自己的人际关系造成无法弥补的伤害。我已经学到了，谨慎而克制地处理紧绷的情绪，避免基于愤怒来行事或伤害别人，都是很重要的事。

因此，我们必须问自己：这些想法会把我们带到什么境地？如果我继续这么想，会不会像火山一样爆发？当第二个孩子亚历克斯出生时，我作为母亲的工作负担增加了，我发现自己对大儿子的容忍度急剧下降。对于自己变得更容易发脾气、甚至到狂暴的程度，我深感警觉。我必须承认自身愤怒所造成的伤害，而不该为一些较为难堪的状况去怪罪一个三岁的小孩。我想变成什么样的妈妈？我想跟自己孩子有什么样的关系？我想让孩子更痛苦吗？就算是为了自己，我也必须让容易发作的脾气能得到控制，否则我心理的健康也有可能受损。

让自己分心

第三个选项：把那些想法忘掉，或少注意些。这就好像有个人想要不看视野范围内东西的形状，就会阖上眼睛或往别的方向看。

我们容易对一些小事情“过分注意”，而让自己变得愤怒。有时候我们会因为过于偏执、重复思索同样的想法、一再回想发生的事而变得忧虑。这时候我们必须专注，要能发现自己正在过分注意，并停止这个动作。通常来说，如果我们能够不再过分注意，便可不再生气。这可能有赖于我们改变自己所注意的方向。专注在自己的呼吸上可以帮助我们放松自己，同时也不会再过于注意。当情绪特别紧绷时，深呼吸可以让人平静，而且让人再次脚踏实地。

在我们还没当妈妈以前，对于那些负面的想法，“让自己分神”通常是最好的解毒剂。我们通常可找些时间来读本小说，或直接跑到电影院轻松一下。等我们当妈妈以后就不一样了：孩子的需求通常有相当的急迫性，而就算在我们自身的状况最多时，我们也必须陪着他们。但是，当我们的想法不具建设性、变得偏执、根本无济于事的时候，我们可以让自己分神，想些别的事情。

我发现，筹划晚宴对于纷扰的心来说相当有帮助。我设法让晚宴能够基于爱，也基于一种真诚，想让客人有个难忘的体验。整个星期，我的心思都放在安排碗筷以及种种细节上。关于晚宴当晚的回忆，直到现在都让我感到相当愉快。有些时候，把全家都带到户外去，也是能让你分心的有效方法。你也可以打电话给朋友或找个大人来做伴、猜个字谜、读一小段杂志文章、写首诗、找一份让你兴奋的食谱、整理相片。

如同其他选项，“让自己分神”并非在所有情况下都是最适合的。譬如说，当我们需要正视自己的感觉，找出方法来平复这些感觉时，这个方法便不大适合。

考虑替代的办法

第四个选项：走得很快的人可能会想到：“现在！我为什么要走这么快？我如果慢慢走会怎么样？”而当他慢慢走的时候，他可能会想到：“现在！我为什么要这样慢慢走？我如果躺下来会怎样？”这个人在找到不用最费力的姿势以后，便可能会开始喜欢最省力的姿势。

请你带着好奇心质疑自己的思考过程：我为什么会这么想？是什么造成我这么想？有没有比较简单的思考方式？有没有哪种方式可以让我的生活过得更平顺？我们不需把自己绑死在进退不得的状况中。我们的想法来来去去，而且通常跟当下的实相几乎没什么关联。我们不需要太相信这些想法会有什么用处，因为那会使这些想法在心中得以强化。那些尝试过练习专注力的人最常发现的事就是：我的想法只是想法而已，这些想法并不代表我，也不是实相。

我们的心创造了我们所看到的现实：我们所告诉自己的要比实际情况更具有说服力。一件恼人的事到底有多重要是由我们决定的。当我们觉得很不舒服或生气的时候，应该承认，是自己选择要将所遇到的混乱解读为不好的。是否还有其他解读的方式呢？我们需要把情况看得跟自己如此相关吗？这个情况真的值得我们投入这么多情绪吗？生气难道是不可避免的吗？通过向自己发问的方式，我们或许会发现另一个更完善的可能。

在以下这段文字中，有位妈妈描述自己如何在电光火石的一瞬间，改变了对蹒跚学步的孩子的习惯性反应：

> 我觉得很烦躁，而当我正要说出话来阻止女儿时（这或许是第二十次了），我没说："不要碰！"却说："要不要搔痒啊？"然后我们就在地板上到处滚来滚去，享受着愉快的时光，完全不同于本来可能发生的情况。当时我并不是想说这样的话，不过，我的心情却很快就随我所说的话转变了。

运用意志力

第五个选项：通过心的力量来让心屈服、受控制、受支配。这就好像强者捉住弱者的头或肩膀，可以让他屈服、受支配、受控制一样。

如果我们真的决意要训练自己的心，让它可以更健康，而且把这当作十分重要的目标，那么我们可用意志力对抗不正当想法来获取成果。或许我们只需对自己温和但坚定地说“放掉”或“够了”便可达到效果。或许一切就跟下面这两个我们可以自问的问题有关：“健康的人际关系对我而言有多重要呢？”“我的心灵成长有多重要呢？”

妈妈的禅定时刻

Buddhism for mothers

- 因愤怒而起的想法及言语对你的业有不好的影响。
- 愤怒只是一时的状态，所以别给愤怒延续的力量。
- 接受愤怒情绪，并且始终注意而不放纵；观察愤怒情绪对你身体的影响，并看它如何改变形态，而终于逝去。
- 在自己心里找出愤怒的缘由，以便去除这些缘由。
- 与孩子分享一些关于你内心挣扎的事，让他们也可以从你犯下的错误当中学习。你不需要让他们觉得你是完美的。
- 若你是错的，向你的孩子道歉。
- 请原谅那些令你生气的对象，就算只是为了自己。
- 处理不正当想法的五种选项：

1. 正向思考。
2. 考虑后果。
3. 让自己分心。
4. 考虑替代的办法。
5. 运用意志力。

05

忧虑：挣脱内心的牢笼

我们的忧虑并不是来自 " 外面 "，而是存在于自己心里。

我已过世的祖母是个容易忧虑的人。当然，她还具有许多其他特质，例如也包括为家庭自我牺牲的个性。在我整个童年里，她始终在我和两个姐妹身边，说故事给我们听、看我们的“表演”、倾听我们孩子气的话。当她不在我们身旁全心全意照顾我们时，那肯定是忙着擦拭房子角落的细微脏污。她的日子是为了服务我们而过的，她也很少和“家人”以外的人在一起。当她给祖父打电话时，从不会短于半个小时，而且她从来不会先挂电话。

那些不怎么认同她的亲戚会说，祖母是个自我任命的“忧家者”。祖母将她的忧虑提升到艺术的层次，以至于我们都同意不告诉她那些可能会让她想很多的消息，而这似乎也使我们与她之间的沟通受到极大限制。当她的两个孩子遇到出国旅游、上医院或哪怕只是最小的挑战，都会避免告诉她。祖母是个高贵而富有爱心的人，但是悲哀的是，她同时也偏执而多虑，这让她错过了我们生命中大部分重要的事。在心爱的人很不舒服时，她就没法做个密友、辅导者或倾听者。

这是常常听到的事：儿女们把自己的问题好好收藏起来，因为他们“不想让妈妈担心”。但是身为母亲，如果我们无法让孩子对我们说心里话，我们该如何帮助他们？当他们遇到了问题，例如遇上恶霸、药物问题、意志消沉甚至有轻生的念头，我们又怎么能与他们站在一起呢？要帮助孩子面对这些挑战，我们在他们眼里必须是个坚强、有办法、睿智的人。同时，我们必须能像个英雄人物，隐藏起自己对他们的幸福的最深忧虑。

而我妈妈成为家人密友的技巧则相当纯熟。我的姐妹和我从来都不会犹豫要将我们的忧虑与她分享，而在我们这些小脑袋里也从来没有想过，这么做是否会给她造成负担。我有个最伤感的记忆发生在二十出头的时候，当时有段时间我很痛苦，觉得自己陷于困境、看不到希望。我跟母亲说了自己的状况后，便启程开车回家。在发现自己忘了某样东西后，我便折返，结果发现她的脸上有泪痕。我内心充满了感激。我因此了解，母亲在我们遇到困难时总是呈现出坚强的一面，而或许，她要比我们所想象的更像祖母：看到孩子受苦，她也同样感到痛苦。

忧虑在某种程度上可以帮助我们，它强迫我们做计划、筛选出可能的方案或采取行动。但我们很容易太过忧虑，即使我们知道这样并没有帮助。如果养成这种过度忧虑的习惯，我们的余生可能都会花费在忧虑上，而永远找不到平安。忧虑似乎可分成两种：一种是不必要的，或者说是基于想象而来的。正如马克·吐温所说：“我的生命当中充满了可怕的不幸，但大部分从来没有真的发生。”而另一种忧虑则是有根据的、有理由的，比如说，当我们孩子正在受苦时，我们所产生的忧虑便是。

忧虑所造成的损耗

忧虑所造成的负面影响同时呈现在身心两方面。医学告诉我们，持续的忧虑会让血液变得浓稠，使身体各方面的功能衰弱，并造成高血压、心脏病、胃溃疡及呼吸困难等问题。不需要医生告知，我们也知道忧虑会让我们睡不好、精力不足而且心里不平静。容易忧虑的心可能会让我们设法避免遇上某些状况，但也同时限制了我们自己和孩子的潜能及机会。

忧虑会让我们的心受到困扰，进而让我们做事也逐渐低效：我们会失去清晰思考的能力，因为无法正确判断，也无法冷静平和地做出反应。爱瑞恩是两个儿子的母亲，她说道：

> 当我们的心忙着捕捉想法、充满各种渴求及忙于忧虑我们所谓的安全感的时候，我们的反应方式就无法自然且纯熟，而结果也就不是我们所希望的。

如同发生在我祖母身上的事，不必要的忧虑如果变得根深蒂固时，想要不忧虑都变得很难。这成了她的业、她的个性、她的宿命。她每次的忧虑都会加强这个习惯，而最后会变成很自然而无法避免的心理状态。忧虑的行为是依赖习惯形成的，它让我们的心住在想象出来的、毫无喜悦之情的未来世界里。忧虑也让我们无法觉察当下的变化。

苏也是位母亲，她因忧虑所带来的损耗极大。脸部的缺陷在她成长过程当中曾带给她痛苦，所以当她看到女儿脸部渐渐出现同样的缺陷时，她肚子就疼痛得越来越剧烈。她一向清楚自己的脸就像由一些过大或过小的部位集合成的，而可悲的是，学校操场上那些残忍的家伙也这么觉得。

我无法相信自己又要因为可怜女儿的同样遭遇，而再次经历生命中最可怕的记忆。其实她就算只受到我所受痛苦的一小部分，也足以让我心碎，而有时候，又让我觉得很消沉。我很少公开地谈我的焦虑，因为我觉得这样做就像以某种方式背叛了她。听到的人可能会笑，或告诉别人，或可怜我的女儿。所以这是我必须独自处理的部分。我的想法总会让自己的心情掉入谷底，而让一天所余时光就这么泡汤。也有些日子，如果听到其他小孩子在谈论她的外表，我会觉得像是有人在我的肚子上重重打了一拳。她还不会恶言相向，而我并不知道以后该如何来保护她。

她知道自己的忧虑会像滚雪球般越变越大，让她的心绝无可能得到平静。她也看到自己未来有可能变成受尽折磨的可怜人，因此她试着要改变自己的业。

我知道必须要管管自己的想法，因为它们已经失去控制了。有一天我在练习冥想，突然产生了平静宽广的感觉，于是我就起身，坐在书桌前开始不断地写。写下那些在我成长过程中，对于自身形体上的缺陷所感受到的一切：疏离感、羞辱感、错过许多事的遗憾、不被尊重的感觉。将那些纠缠在一起的感觉诉诸文字确实有帮助，因为这让我得以把这些感觉厘清。

然后，我把所有与女儿外表相关的恐惧都慢慢整理、写下，并试着想出一些比较有帮助的想法或相反意见。或许我女儿不会像我那么敏感，我小时候是个相当忧郁的孩子，很容易就沉浸在自己的问题里。况且，她所经历到的跟我的经历必定有所不同，也一定跟我所想象的有差距。对我而言，这些始终是个谜，那么我为何还要浪费时间猜测可能降临到她身上的恐怖事件？

她也许会拥有强有力的补救性特质，她也许会特别有幽默感，让她可以处理形体上的缺陷问题，而成为受欢迎、“不会过于严肃看待自己”的人。我可以帮她，让她能够专注在其他能力的发展上，培养她的自信心。我可以尽全力在她的周遭创造出关爱她的家庭及社团，而如果发生什么事，这些便可减少所带来的冲击。积极的家庭环境对于孩子的快乐也是最重要的因素。

我还可以提醒自己，许多外表有缺陷的人也过着相当快乐、成功的生活。我甚至可以把这些人找出来，便有现成的范例可给她启示。就像我一样，这些人也已将外表之外的其他个性开发出来，而他们多半感情深沉。

她所可能面对的苦难也会帮助她成长，让她成熟而圆融。她也可能学到一些重要的教训，譬如对别人要有慈悲心。或许老天让我们有这些缺陷是有特别作用的：让我们两个都能从这一点上学习。如果我能让自己有智慧地过日子，我的经验也可能对她有所助益。或许也能让我们更亲密。

无论如何，当忧虑再度烦扰我时，我总能由此列表之中得到帮助。我不能说自己已完全克服了恐惧，但当我手中握着反面意见清单时，我可以看得更清楚。我不会被未来惨淡的想法完全攫住，也就不会想要逃避。这一点很重要，因为我知道，如果我比较平和而且条理清楚的话，我就有办法帮助她。

我们有谁不会因彻底研究让我们忧虑的事，而得到益处呢？不论是写在纸上或是通过理性的思考，我们因此有机会面对自己的忧虑，甚至在某种程度上妥善地加以调解。

无法避免的苦痛

科技进步，让我们生活的时代充满了快速解决方案及省力的装置。让我们以为自己不必忍受任何的不快、任何负面的东西，因此当遇到不快时，我们便战斗、拒绝、不愿意忍受。我们忘了第一圣谛所说的，有生命就有痛苦，生命有着各种不满足。

综观历史，大部分女性的生活是由持续而辛苦的无聊家务所构成的，孩子常常会生重病或死去，丈夫将她们视为一项财产，而当婚姻失败时，她们则可能被丈夫强迫做家务或是去卖淫。在社会中，多数女人并没有地位，而她们悲惨的境况也鲜少有人同情。对这些女人而言，受苦及不满足就像是生命当中必有的一部分，因此不会有人质疑。即使现在，世界上仍有相当大比例的女性处于此种情况当中。跟这些女性比起来，我们身处的环境是非常优越的：每个家庭平均 1.8 个小孩，享有现代生活的便利，也相对自由。

即使如此，较高的生活品质也无法让我们免于痛苦及不完美，不论现代科技及广告承诺了什么，都不能改变这一点。现代女性只是换个不同的方式受苦罢了，现代男性也是如此，因为这是我们存在的本质。还有一点让身处现代的我们受苦的情况加剧，就是我们自认为不需受苦，无法忍受任何不快，而想尽办法要将其驱逐。我们决不甘于生命目前的面貌，我们执着于自己的愿景，而当我们所期望的无法达成时，便感到深刻的挫折。

然而，我们所担心害怕的并非是所发生的情况本身，而是它所引起的情绪。让我们真正感到忧虑的，是所害怕的事会让我们有什么感觉，或未来还会出现多少让人忧虑的事。受苦、不满足本身造成的伤害，反不如逃避受苦时以及当情绪上因受苦而反抗、挣扎时所造成的伤害来得多。与其试着控制外在的情况，倒不如花费较多的精力审视情绪的反应要更值得；这样的方式会更有效，让我们得以减少受苦的可能性。当我们无法消除生活中所惧怕的对象时，修炼耐性、接纳心，平心静气，是比持续忧虑更好的选择。如果继续与无法避免的事情缠斗，只会加深、延长我们的苦痛及不快而已。

如何处理忧虑

我们的忧虑并不是来自“外面”，而是存在于自己心里，这一点与我们通常认为的恰好相反。如果我们能在某种程度上控制自己的心，便能影响体验事物时所感受到的品质。

专注地过日子，我们可以发展出觉察自己想法的能力，并对自己所创造出来的骇人故事加以追踪观察。我们可以注意是否有雪球滚大的情况，也就是新想法比旧想法更戏剧化的情况。我们也可以注意自己是否将现实扭曲或夸大；例如在电影当中，主角深受亲职工作的困难所苦，而进入一个幻想世界，在那里，他的小儿子成了操场大屠杀的枪手。

我们是自己思考的产物，我们所有的一切都源自想法。

我们用想法塑造世界。

再大的敌人也无法像自己的心，在毫无防备下伤害你；当你能主宰自己的心时，没有人的帮助像心所能给予的那么大。

心的状态是所有状态的前兆。心才是最重要的，所有的状态都是由心所造。

在这世上，最受苦的就是有很多错误看法的人；而我们的看法有许多其实都是错的。

就像我们在谈论愤怒时所看到的一般，我们同样也可能因并不恰当的关注而出现忧虑：我们只注意到现实中最小的一部分，还把它夸大且沉浸其中，这让我们被自己认知的牢笼所囚禁。

忧虑背后

我们必须把任何会造成忧虑的不合理想法都找出来。我们会感到忧虑的出现都是由于在想法及实际经验之间出现了差距。我们认为事情应该是某个样子而实际上却是另一个样子。因此，经常设法将那些造成我们忧虑的隐藏信念挖掘出来，也就显得有道理。下面这位母亲对于过于固执己见而付出的代价已有体会：

我常以无助益的二元方式来看待世界：好与坏、天堂与地狱、快乐与悲哀、安全与危险。如今，我必须超越这种二元思考的方式。将世界看待成非黑即白，不这样就那样，这种方式只会给我带来紧张焦虑。我必须放掉紧抓着的那些关于好坏的看法。如今我所关注的是努力达到平心静气及稳定度。

或许你认为让自己的孩子受苦是件很可怕的事，认为他们应该始终快乐地过日子。当你看出自己有这样的信念时，你可以问自己，这样的信念是否合理，而加以判断后可能觉得并非很合理。孩子就像我们，需要从挫折及痛苦中学习；或许对孩子受苦这件事，你会因而觉得可以更超然或更能接受。心理学家表明，童年时期遭遇困难，对于未来面对成年的生活是极佳的准备，如果在童年时缺乏艰难困苦的体验，则可能造成成年时的彷徨和无所适从。保护孩子不让他们遭受生命中的打击，会让他们无法学得智慧，也不知慈悲或敏感为何物。

马丁·塞利格曼（Martin Seligman）[①]教授是位极具影响力的美国心理学家，他在纪录片《童年的迷思》（*Myths of Childhood*）当中充分表明了立场：

我认为，父母及教育体系希望让孩子无论何时都感觉良好的努力，事实上只会让我们的孩子变得软弱。他们剥夺了孩子学习处理失败及拒绝的机会，而生命当中不可避免地总会遇上失败及拒绝。那些鼓吹孩子应该不论何时都感觉良好的运动，已经剥夺孩子学习处理低潮的机会，也让孩子成年后注定要觉得很糟，所造成的效果就好像我们一直用肢体阻挡他们、在成长的每一步都对他们加以羞辱一般。

① 美国心理学家，著名学者和临床咨询与治疗专家，积极心理学的创始人之一，主要从事习得性无助、抑郁、乐观主义、悲观主义等方面的研究。曾获美国应用与预防心理学会的荣誉奖章，并由于他在精神病理学方面的研究而获得该学会的终身成就奖。1998 年当选为美国心理学会主席。著有《真实的幸福》《持续的幸福》《教出乐观的孩子》等书籍。——编者注

就像这个世界上曾活过的每个人一样，我们的孩子也一定会受苦。我们越是反抗、拒绝这点，受的伤也就越多。虽然我们深深关心孩子，并尽全力帮他们面对苦难；但我们同时也要保护自己的心，让它不至于被永无休止、毫无意义的忧虑所蹂躏。

如果我们能对自己的忧虑加以观察，会因此了解自己对于生命的期待——也就是造成我们受苦及焦虑的执着。我们的要求越多，便越有可能忧虑。我们能否将自身顽固的要求转变得较温和些，譬如说我们的偏好？或许我们可以从“孩子在学业上一定要很卓越”转为“孩子在学业表现上能杰出会是件不错的事，但如果他做不到，我们也死不了”。很清楚，第二种态度对所有家庭成员的心理平和来说，大有助益。

我有位朋友叫安娜，她很睿智，当她儿子在学步期时，跟同年龄的孩子相比，在口语发展上较为迟缓。而到今天，她说九岁的儿子学习成绩并不拔尖，甚至在运动场上还表现得笨手笨脚。不过，他喜欢修理、改装物品，也喜欢动手创作，而且在许多领域都相当有能力。安娜对于家中有些成员对她孩子不能“全面”发展的情形曾经担心而多虑，感到相当惊讶。尽管如此，安娜并不要求孩子要完美，或要他跟上同学的脚步。当然，她尽力来帮助他，但她接受孩子的本质，并且爱他的本质，不愿意去忧虑那些她无法改变的事。她关心但不忧虑；她表现出自己的关心，但不会表现出不耐烦，因为那可能伤害她的儿子，毕竟儿子是如此让人开心，他很显然相当享受自己的人生。

在某些情况下，我们心里对孩子的要求展现出来的不是爱，而是执着。如果我们坚持要对自己的孩子感到骄傲，或是以某种方式加强我们的自尊，那便是执着。当然，我们也有可能基于希望他们快乐而要求，但如果坚持孩子表现出超越他们能力范围外的力量，这也是执着，也会带来忧虑。我们的孩子必须要能找到某种接受自己的方式，而不用取决于表现。如今的校园环境相当具有竞争性，这样的要求的确很过分，但我们仍可以帮助他们接受实际的情况，并对孩子付出的最大努力予以赞赏。

试着微笑

尽可能多多微笑，因为它能带给你许多好处，特别是当你发现自己在忧虑时，更有益处。现在就试着对自己微笑，并注意这微笑对你的心，或对你身体任何紧张的部位所产生的细微影响。试着在谈话时多点微笑，然后注意感受自己是否会感觉快乐得多。

当你最害怕的事情发生时

有时候，分辨自己的痛苦之中有多少是自己创造出来的，已显得不再那么重要：因为痛苦就在那里，明明白白、无法否认，以至于难以忍受。也许你的孩子病得很严重，或在学校因遭遇困难而挣扎，或在操场上遇上麻烦。相当受欢迎的亲职杂志《悉尼之子》（*Sydney's Child*）在 2001 年 3 月号中有篇文章引起许多母亲的讨论。它的标题是“当事情变糟：我女儿被排挤，我们度过如地狱般的一季”，这位母亲所写的是她女儿在高中第一年的事：

> 她由原本“圈子内”的成员变成被排挤者。大家谈论她、憎恨她、蔑视她、拒绝邀请她、取笑她，并用残忍的方式忽略她。

故事当中提到了下流电子邮件一封接着一封，在学校放假时连一位朋友也找不到，还有她女儿在起床后因为“生病了”，不愿意去上学。有哪位母亲能够不因恐惧和忧虑而发狂呢？这位妈妈写道：

> 我渐渐变成只注意到女儿的问题。我避开所有的朋友，不去参加宴会，跟我的女儿一起受苦。这种情况还会持续多久？我们还能支持多久？

这件事延续了一整年，直到她女儿换了学校，问题才算结束。这位妈妈从这个噩梦般的事件中学到了什么？用她自己的话来说就是：

> 我们无法不受到伤害，也无法让自己不被残酷对待。我们尽自己所能帮助女儿，却无法将她从这生命的艰难意外中解救出来。这件事从开始到结束都是个难以承受的教训。

在这种时候，我们要提醒自己第一圣谛的内容：生命中有苦及不满足。只是试图让自己高兴点，或是让自己不去注意痛苦，并没有意义。我们除了去面对这些让人感到不悦的情绪之外，实在别无选择；有句睿智的老生常谈正是这个意思：“如果我们不能避开，那么就必须经历。”不过，当我们体验过这样的痛苦之后，对于其他受苦的人，也能加深给予慈悲的能力。在这个故事当中，这位女儿很快就成了前一所学校中下一位受害者的体贴密友。而这位妈妈，由于求学时期也经历过恶霸的骚扰，

> 你难道不害怕过去所经历的痛苦？
> 如果发生不幸，你当然会觉得痛苦。
> 生命中的痛苦一个接着一个，
> 就像大海里永不停歇的浪潮；
> 一个浪头尚未完全退去，
> 下一波又已盖过。

在她女儿这段艰难时期也就更能给予抚慰。

不论我们在经历的是什么，终究会过去。不只如此，经验本身的形态及强度也会有所改变。对那位女儿而言，排挤行为对她造成的伤害强度在第一次之后确有减轻，虽然不足以使她愿意继续留在这所学校，但就像任何痛苦一样，其本质所展现的形态不断改变，直到痛苦不见为止。

琳有三个儿子。她在养育第一个儿子的时候，对出现的任何问题都感到十分痛苦，不管是喂食、到达某个成长阶段所出现的状况，还是处理与学校相关的事，都是如此。当每个问题都顺利解决，而且最后都没留下任何后遗症时，她感到相当惊喜。而在第二个儿子的问题上，她就觉得轻松许多，并且开玩笑说，到了第三个，她几乎不需要担心了。如今回想起来，她还感觉奇怪，为何她曾会为某些事感到忧虑。

麦拉有养育三个孩子的经验，她所说的也能带给我们一些鼓励。她认为，我们只要接受孩子们真正的本质，就可以真正地帮助孩子。她甚至觉得，就算是孩子们个性中存在挑战性的一面，我们也必须接受。麦拉这么写道：

> 如果孩子能回到我们身边获得我们无条件的爱，他们便能面对各种困难及挑战。正因为我们将他们整个自我都视为宝贝，他们的内在便能够成长及恢复。

倾听孩子的话

当我怀第一胎时，很天真地参加课程而成为电话咨询义工。说很天真是因为我要以母乳喂养孩子，所以不可能有时间上四小时的班，更何况家庭生活很少能让妈妈有这么长的外出时间。在扎克出生之前，我勉强完成了课程，并上了大约十个课时，这让我有机会学到一些有效的倾听原则。

倾听也可以说是一种修炼，因为同样需要专心、克制以及某种程度的安静。我们所练习的“专心而不发表意见”的方式，让自己的想法及意见尽量不进入倾听过程中，如此我们便能专注在说话者所看到的现实上。当孩子表达他们的情绪，像伤心或生气的时候，他们给你一个机会成为他们的密友，而这同时也是教导他们的机会，让他们知道有情绪是很正常的，可以用建设性的方式来处理负面情绪。等他们日后面对青春期重量级的挑战时，你就会是他们经过考验的盟友。

如果我们要专注倾听孩子说话，找出时间始终是件重要的事。我们除了要保持开放及有耐心的态度，也必须控制周遭的扰人的噪音，以及注意其他有需求的孩子是否也在场。要满足这些条件所付出的努力，在长期来看确实值得。如果父母能容许孩子体验到完整的情绪发展过程，这个孩子就可以正常发展而不会压抑不快，或在情绪方面封闭自己。

没有批判地倾听

有时候，让孩子不高兴的问题对大人来说可能很可笑。但不管是衣橱里面有怪物，或隔壁男生偷铅笔，对孩子而言都是严重的事。我们必须暂时将大人看事情的角度先放在一边，从孩子的角度来考虑问题，进入他们的内在世界，试着了解事情本身的严重性。如果我们说“别傻了”

或“不要这么敏感”，把他们的担忧不当一回事，孩子会觉得他们所看到的现实世界好像并不值得关心或不重要。

让他们说完

当你的孩子不高兴，请稍微放纵他们，让他们可以不被打断地说完想说的话。你可以不用说什么，但给他们提示，“继续”、“嗯”或者保持安静。你可能会想打断或立刻提供解决方法，而且这些诱惑相当难以抗拒，但你必须让孩子觉得自己的话被听到了。请把你的意见或经验延后告知（“这让我想起来，有一次我……”），并且把重心仍放在孩子的问题上；有太多的孩子在父母截断他们的话后，就不再信任父母了。

让他们感到被了解

别把一堆问题一股脑儿丢给孩子，而要把他说过的话换一种方式说出来，用你自己的话把孩子所说的重点再说一次，而不要加入自己的意见。譬如：

> 孩子：那是我的板球拍，他们却不让我用。所有的孩子都用我的拍子，我却连碰都不行。
>
> 父母：所以，他们不让你轮流玩。

这个孩子会觉得被了解，而且可以继续说他想说的，不用回答问题。

把心思放在感觉上

不论孩子的感觉有多强烈，或者这些感觉有多么不能被接受，他们仍有权拥有这些感觉。我们必须传达一个信息，感觉本身并没有对错，行为却有。他们在抒发感觉时的词汇越丰富，就越能将负面情绪表达出来，也越能分析出自己的问题所在。要帮助孩子感觉到被了解，我们可以将他们所说的感觉回应给他们。可以用下列四种主要情绪状态的同义词，来帮助孩子找出适当字眼，以表达他们的感觉。

生气	难过	有压力	想不清楚
挫折	受到排斥	惊慌失措	困惑
不高兴	伤心	受到威协	不清楚
气愤	绝望	紧张	搞混了
很生气	受伤害	震惊	苦恼
心烦	忧郁	吓呆	不知所措
心神不宁	毫无兴趣	焦躁	跳不出来
烦恼	悲哀	紧绷	不确定
七窍生烟	希望破碎	急躁	没把握
担忧	心情低落	焦急	没有自信
脾气不好	意志消沉	不安	毫无办法
没人注意	想哭	无助	还没决定
被人误解	空虚	消极	茫然

让他们自己解决问题

虽说直截了当地告诉孩子怎么解决问题通常比较容易，但还是尽量让孩子自己决定解决问题的方法比较好。虽然你可以提供建议或给予指导，但请你让他们在能力范围内，尽可能可以控制整个过程。这会让他们比较能够解决问题，即使你不在身边。你可以问孩子：

- 你认为应该做什么？
- 如果那样做没用，你还会怎么做？
- 你以前曾试过哪些方法？

把所有想到的方案，跟你想在家中培养的价值观一起评估。这样来解决公平吗？诚实吗？有没有考虑到别人？会不会有人受伤害？不过要记得，只有当你已经倾听孩子的话并体会他们的感觉之后，才能开始实施解决问题的步骤。如果在我们还没解释完自己的问题之前，就有人试着要解决问题，那会造成相当大的挫折感。

要把专注力用上。随时注意你自身的感觉及反应，并且自问："在当下我该做什么？"特别是要问自己："我应该说些什么吗？还是应该保持沉默？"我们必须对自己保持警觉，并且从曾犯的错误中学习，而在谈话后自我反省时，我们可以问自己："我是否打断了孩子的话？""我是否还没听完孩子想说的话，就自己说太多了？""我是否还没给孩子机会，就自己把问题解决了？"

苦难触发心灵的真正力量

当我们的日子如计划般顺利进行时，我们会觉得精神生活相对来讲似乎也容易些。在问题很少、快乐很多的日子里，因为我们神清气爽，任何事情都比较容易进行。而要知道自己的进步真正有多少，或许就需要经历一段短暂的痛苦。在艰难的时刻来临时，也是了解自我发展的最佳良机。而没有比孩子受苦时所带给我们的试炼更大的了。

在《心灵幽径》（*A Path with Heart*）这本书当中，杰克·科恩菲尔德（Jack Kornfield）给受折磨的父母提供了以下令人鼓舞的话：

> 当事情变得艰难，我们的精神生活也会益发的真实。我们的孩子难免遇到意外、生病的情况。有时，甚至会有悲剧降临。当这些状况发生时，我们便需要能持续付出爱，而且运用智慧。经历这些状况，可让我们碰触到精神所在，也会发掘出心灵的真正力量。

妈妈的禅定时刻

Buddhism for mothers

- 你若忧虑得多，接着会忧虑更多。每个想法都会造成业的影响。
- 请考虑是否可以用写下来的方式，有意识地探索、处理所忧虑的事情。
- 请试着接受那些生命中很自然的苦难，并要了解，光是逃避或对抗这些苦难所造成的痛苦，可能比受苦本身更甚。
- 观察你的想法，看它们是否如雪球般越滚越大或越来越扭曲。
- 要察觉自己是否过分注意某些事，若是，则以意志力加以遏止。
- 把没有助益的信念找出来，譬如说："一定不能让孩子受苦。"
- 不论你所体验到的是什么，这形态及强度会发生改变，而且终究会成为过去。
- 不加批判地倾听孩子所说的话，让他们可以把话说完，让他们觉得被了解，把心思放在感觉上，也让他们可以自己解决问题。

06

仁慈：我们与所有众生是一体的

大概只有时间才能让我们渐渐明白，能爱人的心拥有多少喜乐。

没有什么事情是永恒的；所有的事物都是一时的，或者说每件事始终都在变化中。而如果我们想想自己为人父母后，与朋友、家人的关系是如何转变的，这一点就十分明显了。经过那么多年，那些似乎曾固定律动的关系开始出现重大改变及转型。与父母及公婆的关系出现的转变则有各种可能：我们可能会比以前更常与他们接触，或在某些情况下，反而更少接触。他们对孩子及我们担任的新角色所做出的反应，可能会让我们心怀感激，或心怀怨怼。我们或许会遇上广为人知的并发症："祖父母与孙儿女联合对抗共同的敌人"——我们。

我们和没有孩子的友人之间的友谊，常会因亲职上的责任而受到波及。孩子会将我们以往分给这些朋友的时间剥夺了，打断我们的谈话，让我们没有时间打电话。我们可能会发现这些友谊在本质上出现戏剧性的改变，如何期待没有孩子的朋友会对当妈妈的琐碎细节感兴趣呢？只有足够坚贞的友谊才能让我们度过养儿育女的时期。有些老朋友就这么不见了，而有些则可能逐渐淡出我们的生活。不论是哪一种，对我们来说都可能造成痛苦，对我们的老朋友来说也是如此。

我们与同为父母的朋友之间的关系可能加强，因为可以分享当父母的共同之处。而如果孩子玩在一块，大人彼此又能互相支援，便可能发展出特别的友谊来。不过，对同样是父母的朋友，我们可能也会出现互相竞争、批评、嫉妒的情绪。毕竟，我们每个人所做的决定并不相同；不论是对事业的角色定位，对家庭以外关系的定位，还是养育孩子的方式，等等。有许多人都发现自己很难尊重别的妈妈的决定，或容忍别人不同的价值观。

最重要的是我们与家庭核心成员的关系。我们跟丈夫之间的关系值得以专门的章节来进行讨论（请看第 7 章），而我们也了解孩子的重要性。如果说他们是我们的心灵导师，这句话其实还看轻了孩子们呢。他们比较像是跟我们住在一起的禅宗大师，不时把我们抓回当下，设定问题让我们解决，而且强迫我们质疑自己的假设。他们就像是被派来挑战我们所有的期待、看法以及每种个性倾向的。在教导我们“世上没有事物是永恒的”这件事上，他们真是最适合的老师了：刚刚才觉得与他们的关系有了些许把握，他们便马上带给你新的挑战，或者自行进入下一个阶段。

我们可以骗自己说，我们已经随着年岁的增长而变得更有智慧，但只有通过我们的人际关系，才有办法测试出这项直觉的正确性。人际关系让我们知道，自己的修炼是不是真的发生了一些效果。我们生命中所出现的人，可以说都是我们的心灵导师；如果我们审视自己对待别人的方式，看看自己对他们说了些什么，对他们是什么样的看法，这些人便成了活生生的成绩单，让我们知道自己的想法是否如我们以为的那么有耐心、仁慈、诚实，也让我们知道自己的想法中是否已经不再有贪婪、憎恨、虚妄。

执着于自己的看法会有危险

我们莽莽撞撞地当起父母之后，常会发现有许多关于生命的假设不断出现变化，从我们对自己及自身能力的看法，到关于养儿育女的想法，还有许许多多其他的事情都是如此。就像我的朋友乔安所说：

> 我发现自己比较懂得谦卑了，这提醒了我，尽管过去以为自己知道某些事，但实际上，如今却发现自己对任何事都知道得不多；不过，我确定天线宝宝丁丁、迪西、拉拉和小波彼此相亲相爱。

这个重新塑造或丢弃旧想法的过程相当有用，因为如果我们抓牢自己的看法或判断，所造成的痛苦与任何一种执着一样多。但这并不是说我们不应有看法，而是说，如果我们紧紧抓住这些看法，以为是不可或缺的，那我们就会受苦。

正如我们生命当中所发生的任何事情一样，我们也有可能因为当父母而让自己的心变得狭小卑鄙。当我们觉得累了、倦了（这是妈妈们通常会有的感觉），就比较不容易看到别人好的一面，也因此会比较容易生气或有错误的看法。举例来说，我们会批评别的妈妈：“她长时间地工作，才造成孩子行为恶劣”，“她不用工作，日子过得倒轻松”，“她太严厉了，所以孩子看起来始终不快乐”或“她不够严格，所以孩子经常像是脱缰野马一般”。

如果有人用上述那些话当中任何一句来批评我们，我们可以很轻易地找到许多合理的解释来为自己辩护，而任何一位妈妈成为这种批评的受害者，也都会这么做。身为妈妈，我们所面对的情况非常复杂，以至于外人很少能够做出公正的评论。旁观者无法知道妈妈的一天是什么样的，也无法知道她能得到多少支持，或她行动背后的真正用意是什么。旁观者同样没有办法知道，隐藏于某位妈妈行为后的家庭因素、她睡眠不足的程度或是她的情绪状态。

我们经常听到朋友之间由于当父母的方式不同，而使得多年的友谊因此破裂。当两位妈妈都执着于自己的意见及看法时,这种事便容易发生。持有看法并没有什么不对，但如果我们的认同太过强烈，或以这些看法来定义自己，或用这些看法来合理化自己对待他人不和善的行为，那么我们便会因执着而受苦。正如第二圣谛所说：执着会带来不快乐。

当我刚知道佛法有“如果执着于自己的看法会有危险”的说法时，我觉得很惊讶。西方的教育鼓励我们辩论，要站稳立场并且维护立场，这可以让我们看起来很坚强、博学而睿智。我们如果没有看法、没有坚定的意见，可能就觉得自己是个不重要的人，因为我们习惯以坚持意见来得到某种身份认同。有趣的是，我们在合理化自己对他人的负面感觉，从而将自己与别人区分开时，也会用坚持意见来让自己很容易地达到目的。有位睿智的朋友，在提到父母间常见的彼此批评时，这么说：“若所有孩子都是由隔壁邻居抚养长大，那我们身处的世界该有多完美啊！”

我与朋友之间多年来所经历的许多困难，都是源于我不够体贴地执着于自己的意见。在某些情况下，自我节制会是较为明智的选择，我却迫不及待地发表意见,而把朋友的感觉踩在脚下。为了维护所重视的信念，我未能以开放的态度来倾听别人的话，或者急切地想要表达自己的看法，而没有顾及情况的复杂性。

如今身为父母，我们觉得自己有权在这个完全不同的领域里发表强烈的看法。我发现自己对于让孩子吃太多垃圾食品的父母，常常有鸡蛋里挑骨头的批判。当我在批判放纵孩子的父母时，可能并没有注意到这位母亲被剥夺了睡眠、感冒了或整个星期都不好过。更何况，垃圾食品并不完全或者始终“没好处”，那么何必要紧紧抓住自己的看法，好像那是神圣的律法似的？更不用说，在那些比较难挨的日子里，我自己对“奖赏”的依赖也会突然增加，也不用提，我自己就有每天吃巧克力的倾向。在批评别的父母时，我会一时之间有自以为是的得意感，但对于我原本的容忍、有耐性、体谅别人等这些目标，恰是背道而驰。

我可以继续对垃圾食品保持看法，但如果我紧紧抓住这些意见，认定自己就是这样的人，而把别人当成异类；对我而言，这些意见所造成的伤害要比好处还多。我们应保持开放的心，对每个新的状况都能够多一点儿童的无邪，而不是成年人的偏爱。我们对于生命当中各式各样的疑问，也就是生命中的神秘而不是那些“事实”，必须要保持开放的态度。我们要练习不下断语、不随意批评，也不老调重弹；这些都是机械式的反应。

对于别的父母，我们无须加以评估或评价，比较具有慈悲心的反应会让他们拥有被包容的感觉，这也是在我们的表现不那么完美时，衷心希望他们为我们做的事。有经验的妈妈常会说，有的孩子所带来的挑战可能是另一个孩子的两倍之多，而且所有的孩子都不同，因此我们不能让自己住在一个希望所有妈妈用相同方式当父母的世界里。

我们要从自己的经验中学习、成长。当我们发现自己有了评断他人的想法时，必须以深入探究的态度来加以审视。我们必须非常诚实地问自己一些严肃的问题：我为什么会让这人把我的心胸及头脑变得如此狭小？他是否让我想起一些感到困难的事，或不愿意碰触的事？我是否太有竞争心了？我从这个关系中应该学习些什么教训？我可以怎样来把负面感觉转化成慈悲心？

真爱并不需要条件

执着是我们痛苦及不快乐的肇因。这句话在我们的人际关系中得到应验。执着让我们对他人的所有善意都变得有条件：当某人不能符合我们死板的期待时，内心的友善就会蒸发。对于有些要求我们并不说出来，但期待别人能以某种方式察觉到；如果他们没有符合我们的期待，我们就会感到非常失望。执着里没有爱也没有关怀，无法滋养我们希望别人快乐的心意，反而让我们在心理上变得依赖而贫穷。

当我们希望别人快乐、克服痛苦时，就会让我们产生真爱的力量。真爱并不需条件：别人怎么对待你并不影响你以慈悲心来反应。如果你觉得这听起来很不理性，只需想想自己的孩子，他们可以整天胡闹，甚至对我们表现出恨意，但我们仍会深深地爱他们。

执着最糟糕时会让我们出现占有欲，因为我们内心藏着所有权的感觉：她是“我的”，而且我必须护卫这段关系，不让其遭受任何威胁。我们可能会坚持让别人跟我们一样，要求他们有相同的看法、兴趣、喜好。我们可能会想控制他们，而不用太久，我们就会惊讶地发现，自己竟对先前感到喜悦的对象产生如此负面的感觉。相反，真爱让我们给朋友及家人足够的空间及自由，让他们可以做自己。

当内心有了执着，我们会将友人视为自身快乐的来源，而不再是具有自主权的个人，但让别人为我们的快乐负责，又哪里谈得上公平合理呢？正如任何一个现象，人际关系也具有无常的特性，它们始终在变化之中。太依赖别人来获得快乐，终会导致不快乐。与别人生活时，我们必须做到无所求且自给自足。如果我们能停止抓着人际关系不放，心会变得较平和，不再有太多焦虑、担忧及恐惧。

作为妈妈，我们更是要特别小心，注意自己对孩子的爱是否含有执着的成分。也就是说，我们是否鼓励他们做自己，爱他们本来的样子，而不是因为他们可能会变成我们所希望的样子才爱他们。我们要努力让自己不会透过自身恐惧、希望、需求的有色眼镜来看待孩子，而应该以接受的态度为之。我们要避免把自尊建立在他们的表现上，并且要审视自己对他们接纳的态度是否取决于他们的才能、喜好及个性倾向。

有些父母会期待他们的孩子实现自己未曾达成的梦想，你可以在孩子们的运动会里看到此种倾向发挥到极致。然而，我们该做的是把孩子看成要保护的对象，而不是控制的对象；我们还应该意识到，这段保护他们的时间也是相当短暂的。就像这位三岁小男孩的妈妈所指出的：

我以前把养育儿子视为自己的领域。我很讨厌朋友或亲戚告诉他要做什么。如果有任何人告诉他要说“请”、不要太粗暴、讲话小声点，我会觉得被羞辱了。非常感谢，但那可是我的工作啊！我也曾因为离婚后是否要接受前夫对养育我们的儿子提供意见的问题，着实挣扎过。但是，不可能总是照我的方法和规矩来。

渐渐，我开始了解自己并不拥有儿子，他并不是我的财产。事实上，他属于一群爱他而为他好的人。这些人跟我有同样的权利教他体贴别人以及什么是恰当的行为。我总算可以放开一些，让所有关心他的人都能帮助他成长。

爱的要义

真心希望别人可以快乐且不再受苦，便可定义为爱。爱就像是能量，我们可以用爱来推动想做的事、把它实现出来。

简单地说，心中有爱让你睡得比较好，得到别人爱的回报、保护，还有平安。既然爱别人有这么多好处，你可能会说，慈悲地过日子事实上是为了自己，而且一点也没有牺牲自我的地方。大概只有时间才能让我们渐渐明白，能爱人的心拥有多少喜乐。

爱会散发出积极的氛围，让我们比较容易感觉平和、快乐。周遭的人会更能了解我们的优点。过去不喜欢我们的人会开始对我们亲近。我们似乎更能交到朋友，因为大家信赖我们，觉得跟我们在一起很舒服。我们对别人所受的苦感到慈悲，这让我们觉得跟每个人都关系更深。我们也有更多机会体验到喜悦，因为对于别人的任何好消息，我们都更能有喜悦的同感。

能够爱人让我们的生活更简单，因为我们的心得以净化，我们的关系当中也少了许多罪恶感、愤怒、压力。我们可以体验到心灵的平静，因为我们不再花那么多时间想自己的事了。我们自身的问题明显地减少了，心境得以清明，专注力得到改善。我们不再会只注意细枝末节、批评人、找麻烦，因为我们比以往更有兴趣增进别人的幸福。这也会让我们更加尊重自己、更有自信，进而使我们内在出现更多的勇气、韧性和决心，就像这位妈妈所发现的：

> 爱人及对人慈悲于我来说并不容易。我已习惯于找别人的缺点，而这让我很困扰。当跟周遭的人聊天时，我发现自己说了一堆批评别人的话，而且还很琐碎。当我发现自己被套牢在对别人的负面想法里，会觉得自己心胸狭隘、卑劣，一点也不值得骄傲。
>
> 慈爱心帮我转换了爱找麻烦的心思，使我内心变得比较宽广，能包容、能爱人。因为有较为积极的心念，我能更喜欢自己，而这让我在所做的所有事情上都感觉更有自信。

我们的心能爱人，这使我们进步得更快，而生活也变成截然不同的体验。快乐来自于对别人的关怀。因此，我们所看重的人越多，所能感受到的快乐也就越多。当我们充满了爱，心中就不再有空间来容纳空洞、疏离或是迷茫的感觉。

四无量心

那么，我们要怎样确定自己对别人的爱是纯粹的呢？这种较为纯净的爱有什么特点吗？佛陀说，**真正的爱有四个特性：慈爱、慈悲、同喜、平静。这四个心的状态，就像是一系列的检查及秤杆，帮助我们了解自己对他人的爱是否真实。**

慈 爱

“慈”可理解为“无所束缚的友善之情”。这是我们心中一股可以培养的能量，可让我们爱人的能力增加好几倍。

这位妈妈特别练习对所有遇上的孩子都能慈爱，而不只是自己的孩子：

> 我们很容易就会落入只注意到自己的孩子，而完全看不到别人孩子需要的陷阱里。在我对其他妈妈的孩子表现出关心及在乎时，她们真的很感激。跟她们的孩子聊聊天、了解他们、让他们觉得跟我在一起很自在，这就是我练习慈爱心的方式。我们都想让自己的孩子在关爱的环境当中成长，希望他们周遭有爱心的大人越多越好。当朋友对于我们的孩子表现出感兴趣的态度，并且了解孩子的长处时，我们会觉得感动，而要做到这点其实几乎不需额外的努力。

回想我自己的童年，我仍对几位长辈心怀感激，他们和我没有任何关系，却愿意真诚地对我付出关注，让我觉得自己很特别。他们仁慈的举动确实有助于我自信心的培养。

当我们有慈爱的举动时，并不期待有所回报，这点很重要，而且身为妈妈也让我们学会了“给予但不求回报”的艺术。在修行慈爱心时，别人对我们是什么反应变得并不相干，因为拥有慈爱心所带来的喜悦便是我们所需要的唯一报酬。而当我们自己遇上麻烦时，要寻求的是来自内在的勇气，而不是那些我们曾仁慈对待的人的回报，就像这首振奋人心的韵文所写的：

生命中的玩意儿多半像泡沫，
却有两样事物如石头般矗立，
我们在别人遇上麻烦时的仁慈，
以及自己遇上麻烦时的勇气。

简要地说，正因仁慈（就像勇气）是最重要的特质，所以我们会表现出仁慈的作为。

下面这位妈妈可贵的行为，说明了慈爱在她生活当中所扮演的角色：

我喜欢与朋友相处，也喜欢待在外面，因此虽然身为妈妈，我的社交却颇为频繁。我花了不少时间跟别的妈妈在一起，这让我有许多机会可以练习慈爱心，而我也发现如果想帮别人，方式实在很多。可以照顾某个孩子、贡献点食物，或为幼儿园提供协助。我在公园及咖啡店安排了许多聚会，希望可以让我认识的妈妈们觉得这里的社区相当支持她们。

我稍微审视自己的动机，发现相当有趣。当我基于慈爱心，而不是想有所回报时（譬如说：如果我帮她看孩子，也许什么时候她也会帮我），我会对自己的评价较高。尽管接下来要讲的听起来有点可悲，而说出来也相当不好意思，不过，我觉得有时候自己帮别人的动机比较像是“如果我帮了她，她会认为我这个人还不错而比较喜欢我”。我想我以前是用帮助别人来确认自己是个好人。如今我把重心放在慈爱心上，帮助人这件事变得与对方比较有关，而不是自己，结果跟预想的恰恰相反，这让我感觉更快乐。不过，以自私的眼光来看，我知道当我想到别人的需求时，实际上是在照顾自己的业。

就像前面说过的，有时候慈爱被翻译成“无所束缚的友善之情”。我们都知道友善是怎么回事，所以我们要学的事实上很少。我们都知道微笑所具有的力量，还有轻轻碰触、赞美的话等。比较难的是在每个当下都记得保持友善，并对友善的可能性保持开放。我们要常常挑战自己：“我是否可以做些什么来让这个人觉得快乐？减少一点他们的痛苦？”

如果我们考虑一下慈爱在人际关系当中所扮演的角色，倾听的重要性就变得很明显了。要帮助别人，我们必须能深入了解对方的生活。这表示要对自己以外的人很有兴趣，要花多点时间想想别人的想法和感觉。如果我们并不清楚别人可能出现的需求，在帮助他们时的努力所造成的伤害有可能要比帮助还多。深入了解我们身旁的人的生活，可以让我们在提供帮助时所做的努力不至于变成好管闲事的无聊举动。

关于这一点，让我想起曾有两位妈妈拒绝了我想提供的帮助，这让我觉得有点不好意思。那时我是想为自己儿子找同伴，同时也希望能够修行慈爱心，让别的妈妈可以休息一下，所以我就提议替她们照顾孩子。但实际上我确实不够体贴；这两位妈妈只跟我见过几次面，还没见过我丈夫，我的提议让她们尴尬、不舒服。况且，她们的孩子跟我也并不特别熟悉，他们如果被留在一个还相当陌生的人家里，又会是什么感觉？我们要体贴、适切地提供帮助。

常常想想自己在这世上散发了多少爱，会是一件很有帮助的事。我们如果沉浸在自己的想法里，常会因此忘了在日常生活中散布慈爱的可能性；我们会不注意身旁的人，忽略了可以让别人觉得彼此关联，甚至觉得他们很特别等这些小事。我们都有能力肯定及赞扬别人的重要之处。就像特蕾莎修女那句经常被提到的智语：“世上并无伟大的作为这种事，有的只是充满大爱的小行动。”

慈 悲

“慈悲”是一种来自内心想解除别人痛苦的冲动。但想日日以慈悲心对待他人，则需了解第一圣谛，并接受众生都会受苦或不快乐这件事。有位妈妈这么说：

> 当我学习慈悲的重要性时，在所有的人际关系上都出现了神奇的转变。不论我遇到什么样人际上的困难，如果我能记得这个人同样在受苦，而且能好好想想他们的苦处，那么唯一可能的反应，便是感到对他们的慈悲。

但是慈悲并不是为别人感到难过，也不是给予同情的意思，而是认知到：我们在一条船上，都寻求快乐、避免痛苦。

“个别的自我”是个错觉，如果我们可以看到大家都是一体的（尽管我们的肉体还是个别的），那么帮助别人克服痛苦也就很自然了。身为母亲，我们感到自己与孩子是一体的：当看到孩子不舒服，会感受到他们的痛苦，急于帮助他们，就像自己需要帮助一般。这在我们跟孩子间是极为自然的事，而这种深具慈悲心的反应正是我们可以带到其他关系里的。

如果我们能够正视自身的痛苦，就会更能够体贴地回应别人的痛苦。如果在遇到痛苦时，只是疯狂地设法不去面对的话，我们可能也会以相同方式对待别人的痛苦，鼓励他们高兴起来，而不管他们的感受。当妈妈以后，我突然对自己在求学时曾经经历的艰难时光深怀感激。如果妈妈经历过恶霸欺凌、小团体纠葛或失望带来的伤心，她就会更能了解她的孩子在这些情况下所受到的伤害。

要做到慈悲，我们必须在精神层面上与别人的生活发生关联，而且不会把他们所关心的不当回事。当我们将别人的痛苦视为过度反应或觉得不太重要（或有趣）时，我们也就无法拥有慈悲心。认为别人所关心的事不重要而随便给个反应，是很容易发生的："没什么好担心的"、"高兴点"。但是这样的反应对于痛苦的人来说，所带来的实质性帮助很少。我们都会希望自己所说的事情被真正听到，自己的感觉能被了解。把别人的痛苦不当回事，显示出我们不愿接受第一圣谛的态度，也就是不愿接受"生即有苦，生命充满不完美"。

对于这一点，有位妈妈很同意，她说：

> 我以前常常责骂孩子没有理由就哭。我否认他们的痛苦，我常会这么说："别傻了。""拜托，那样又不痛。"当然，有些时候这样说是对的，不过我觉得自己太常说这些话了，只是想避免正视他们的痛苦。我现在会挑战自己，更深入了解他们的痛苦，而且给予他们更体贴的回应。

当妈妈遇上必须处理孩子情绪发作的试炼时刻，可以提醒自己，在处理时加入慈悲心。专家告诉我们，还在学步的小孩会有情绪上的发作，是由于无法表达想法的挫折感造成的：他们没办法说出来，所以诉诸于流泪及尖叫。他们感到无力，也缺乏生活技巧来处理不舒服的感觉。当他们累坏了的时候，并不知道该怎么办。他们不了解为什么不能照自己的意思来，只知道很难过，到了受不了的程度。

妈妈们处理这些情绪失控的情况时，或许会觉得生气、挫折、沮丧，而且如果在公共场所发作，常会有受辱感，但是对于受苦孩子的慈悲心可以让我们的反应因此变得较温和。况且，有谁会不同意，孩子在成长的每个阶段，都有值得我们慈悲以待的地方呢？我很喜欢如下这段话：

> 不管是多大的孩子，不只在他可爱、好相处、有吸引力时，也在他带来麻烦、不好亲近、让人生气时，让他觉得我们接受他、感受到我们对他的爱，这会滋养他，也让他解脱，使他变得更均衡、完整。

有一天早上，我的扎克带给我好几个小时“麻烦、不好亲近、让人生气”的时光，在他去幼儿园之前我为他做准备时，他处处不合作。后来，等幼儿园来电告诉我他长水痘时，我才后悔早上没能对他更有耐心。孩子不好的行为通常都可以理解，只要我们能注意到他们的观点，或是给他们更多信任，而非怀疑。他们有可能因为习惯的改变、缺乏别人的注意、对于可被接受的行为界限感到困惑等等而难受。他们也可能只是累了或病了。我们并不是要容忍无法接受的行为；我们要做的，只是从孩子的观点来注意可能发生的事，并把慈悲加入我们的反应当中而已，以避免机械式、不加考虑的反应。

除了对于家人、朋友、孩子的慈悲心外，对自己能有慈悲心正是对别人慈悲心之基础。如果因为照顾别人而让自己疲惫不堪，那么我们能给予别人的就会变少。我们也要照顾自己的健康，找出时间让自己可以安静地休息。我们可以慈爱地对自己说话，注意自己内在的声音，看它是具有支持性而友善，还是批判性而霸道，如此便可得到修行慈悲心的效果。当感到软弱的时候，我们也要对自己有耐心，毕竟，当父母这件事让我们所有的人看起来都像是玩票的：因为新阶段永无休止地出现，不断带来挑战。这对培养自觉有帮助，但是别培养罪恶感。

同 喜

想象一下，如果我们能够跟每个众生分享他们所体验的喜悦，会多么快乐啊！我们欢喜的机会将会“增加六十亿倍”。如果对象是自己的小孩，那么所有的妈妈都是同喜的大师；再没有比自己孩子的成功及快乐更甜美的滋味了。回想一下，我们在孩子逐渐学会走路、说话、互动的各个阶段里所体验到的喜悦；或是看到他们在游泳池边、生日宴会上的高兴之情时，我们心中感到的温暖，他们的欢悦带给我们喜乐。

我们也同样可以从对孩子的爱当中，学到更多关于如何爱人的事。譬如说，我们是否常常为孩子的而不是自己的成功感到高兴？是否常常为别的成年人的快乐而庆贺呢？当听到他们的好消息时，我们有什么样的感觉：手舞足蹈，还是嫉妒、有追上他的压力？我们能让自己为他们那种既兴奋又充实的感受而欢欣庆祝吗？

想想看，如果有位朋友能以贴心的方式庆贺我们的好事，我们会多么感激。我们的友谊立刻便加深了，因为当我们知道朋友希望我们快乐时，会催化彼此间最深度的信赖。当我们能为别人的好事高兴，这会让我们跟别人相联结的感觉再度出现。而当我们可以在情绪上与别人的生活如此紧紧相连时，又哪里会感到孤立呢?

如果朋友无法分享我们的喜悦，我们可能会问自己:“如果他们甚至不愿意我得到最好的、不了解对我来讲重要的事有哪些，这友谊又有什么价值呢?”如果我们发现自己很难为欢欣鼓舞的朋友感到高兴，那只是表示，我们需要更深入探询他们生命中所遇到的痛苦，以了解他们的苦处。以下这位妈妈所学到的就是这回事:

我与某位朋友之间的友谊已经让我挣扎一段时间了。这位朋友有个女儿，她的年龄跟我女儿相同。我和这位女性一直都很亲密，但自从我们两个都成为妈妈之后，她却开始有了竞争的心理，而我觉得这毒害了我们的关系。她总是不断比较我们的女儿，而她的女儿恰好常常看起来表现得比我女儿好些；她比较早开始走路、比较早开始说话，而如今在学校里她似乎也是班上最好的。我的朋友总是在谈她女儿的惊人表现，而没有感到这么做很不体贴，特别是当我对自己女儿在某些领域的发展还有些忧虑的时候。当我发现自己对她不体贴的做法竟愤怒到憎恨起她的女儿、希望她会失败的程度时，简直不敢相信。

在思索过四无量心之后，我知道自己在同喜这方面表现得不好。我有绝佳的机会为朋友有个聪明孩子这样的好运而庆贺，但是我却选择了嫉妒及生气。我并没有觉得罪恶或感到自己很没用，我试着通过培养慈悲心来克服问题。譬如，我这位朋友为了当妈妈而放弃如日中天的事业，因此她对自己是否可以再回去做那份工作有许多忧虑，而我也知道这项牺牲是她痛苦的根源。她想要好好养育自己的女儿来补偿失去的事业，这一点又有谁能责备她呢？或许她过于自夸是有些不体贴，但是如果试着把这点与她身为母亲及妻子所遇到的问题放在一起看，我可以感受到慈悲之情，而这帮助了我，让我能分享她与女儿有关的喜悦。

四无量心是彼此相依的；因此，如果你想要修行纯粹的爱，就不能少了任何一项。想要体验到真正的同喜之情，我们必须有慈悲心。而要分享朋友的快乐，我们也需分担他们的痛苦，否则我们只算是酒肉朋友。当我们能了解别人的苦处，便能在他们得到些许快乐时自然地感到喜悦。

就像慈悲心一般，在我们能感受同喜之前，必须首先能全心全意地倾听别人，而且对他们真正感兴趣；这样我们才有办法深深地了解他们，知道什么事物会让他们快乐。我们要对出现在生活之中的人有更多了解，并且不时地思考他们在生活上可能的样貌。如此，我们才算为在快乐时与他们融为一体、跟他们一同感受其中的每一份甜美做好了准备。如此的友谊才是真正的友谊。

平 静

我们曾在第 3 章对平静做了某种程度的探索。这项特质，也就是对于我们生命的每个面向都能以接纳及有耐心的态度来感知的能力，可以让我们因此避免往常的极端反应。平静来自于平和而冷静的心，平静让我们对于外界发生的令人喜悦或悲伤的事都能不过度反应。

因为四无量心是彼此相依的，所以同样的道理，如果我们没有修行这第四项，我们的爱便不完整。如没有平静，我们也许只有当知道自己会被感激的时候，才会做出慈爱之举或类似的举止；如没有平静，我们只有在知道自己不会被别人的痛苦击倒时，才可能有慈悲之心；如没有平静，同喜之情不再，只能感受到嫉妒或竞争心。

以四无量心的角度来看，平静这个词意味着将所有众生视为一样的宝贵。例如，在家庭中，当父母双方对孩子表现出慈爱、慈悲、喜悦之情时，通常都要比以相同方式对待自己的另一半来得容易些。有一次在吃早餐的时候，我丈夫（开玩笑地）让我注意到一件事：那天早上我就像是只亢奋的小狗朝着两个儿子说早安，而几乎没有往他那边看上一眼。正如我们都知道的，有太多的婚姻和伴侣关系的解体，都发生在一方只因担任亲职角色才被接受，而他作为独立的自我已不再被接纳的时候。

我们是一体的

如果我们可以感受到自己与他人之间互相的联结，可以了解自己跟所有的众生是一体的，那么很自然，我们便能以慈爱、慈悲、同喜、平静之心来对待他人。当我们把周遭的人都视为整体的一部分时，慷慨、体贴、服务便会自然出现。身为妈妈，我们将孩子视为我们的一部分来对待：他们如果舒服，我们就会舒服。真正的挑战在于，要能把这种爱及慈悲心带到所有关系当中，直到没人排除在外为止。

你和你投注爱的对象不能是彼此分开的。请你持续练习，直到你可以在世界上最残忍的人身上、在饥饿的孩子身上、在超市里的每个人身上，都看到你自己为止。

若了解任何两人间“并不是分开的”，我们就能为别人的快乐而高兴、分担他们的痛苦，同时感受到彼此一体、互相关联的喜悦。当我们能了解自身存在的真正本质时，曾有的孤立、分离、孤寂等感觉也就不会再出现。

科学界，特别是物理学界，常常发现一些结论，与佛陀在两千五百年前所得的相同。例如，爱因斯坦用下面的话说明了“自我”是错觉，以及“一体”是真理：

> 人是我们所谓“宇宙”这个整体的一部分，这个部分局限于时间及空间中。人感受到自己的思想及感觉，觉得与宇宙其他部分分离，这是人的意识在光学上的一种错觉。这项错觉对我们来说就像是个牢笼，把我们限制在个人的欲念以及对于最亲近的人的情感之中。把我们自己从这牢笼中解放出来，让自己了解慈悲的范围能够扩大，以拥抱所有众生及整个大自然的美丽，这是必要的。

苏珊是两个孩子的妈妈，她认为我们并非一直都有这种彼此分离的错觉，因为，当我们还是婴儿时，原本是知道的：

> 婴儿出生时，对于天地间的创造物皆为一体是有所觉知的。在他们的眼里，众星及太空都还在缓慢地旋转。只要看看你原来的本性之镜（你毕竟是无法抗拒本性的）——就在那里！赤裸裸的觉知。
>
> 孩子经过“忘掉所学”的过程，发展出新的眼光，将世界打散成许多部分，过去以整体来看待事物，如今则以部分来看待事物。我们要以世界的各个部分来看待世界，才有办法学会概念、语言、

跟别人沟通，等等，但是我们也因而面对另一项工作：回归到世界跟我们是互相关联、完整一体的觉知。

有些人觉得母亲这一角色让她们更能了解一体感，就像这位妈妈所说：

当我瞧着宝贝的脸，我也看到一些我妈妈的样子，还有我姑姑，以及好几个其他亲戚。这让我有种彼此相连的感觉，有世代相传的血脉在流动着。通过这个宝贝，我还感到自己跟丈夫更相连，再通过时间，跟他的整个家族也相连了，这就好像我们大家有个方法，能让彼此融合成一个人，且把大家比以往更紧密地结合在一起。

在我们还没能了解“一体”之前，至少可以看出来，所有众生都有相同的愿望：想要拥有快乐且不再痛苦。而在我们还没能得到更深入的了解之前，知道大家都在一条船上、寻求相同的东西，由此自然出现的情谊，至少在精神层次上，帮助我们了解彼此是一体的。

先做出爱的举动

只要对执着所造成的影响有了了解，知道执着会强化我们的期待、要求以及匮乏感，我们也会对执着毒害我们关系的潜力感到讶异。想要以更纯净的爱来取代执着，必须先能觉察自己内心与别人相关的种种打算、想法、欲念。对于心中那些驱策我们行动的想法，要对自己做到彻底诚实。要问自己：“我这么做（说、想）是基于爱别人，还是为自己好？”

如果我们发现自己的打算及感觉并不以爱人为出发点，至少可以先做出爱的举动。当我们做出爱的举动时，会发现感觉很不错，这会激励我们，使我们进而以比较具有爱意的方式来思考及感觉。我们很可能会发现，别人对于我们爱的举动作出反应的方式可以带来一些启发，让我们以更贴心的方式行事。当我们做出爱的举动后，会发现许多层面的好处：实际的、情绪上的、心灵的、身体的。而不久之后，我们甚至可能觉得，用别的方式行事似乎是非理性的。原本爱别人的举动结果反而帮了自己。

只要积极培养爱心，迟早我们会将带着爱的打算及想法加入举动之中。我们可以培养对别人慈爱的感觉，而当我们这么做的同时，也就转化了我们心念的本质。我们会开始了解到，有了爱，我们能做的事比我们以为可以做到的更多，而生命可以变成全然不同的光景。身为妈妈的我们，对于爱的力量有信心，因为在爱自己孩子的过程中，我们的心已经历了彻底的改变。

Buddhism for mothers

妈妈的禅定时刻

- 出现在你生命当中的每个人都是你的心灵导师，特别是你的孩子。请从你所有的人际关系中学习。
- 让自己的意见具有灵活性，这会对你有帮助、减轻你自身的痛苦，而且会觉得跟别人的关系更加紧密。
- 如果你觉得想要批判或是对别人有严格要求的时候，专注地审视你的感觉。紧张的人际关系所教给我们的通常也最多。
- 请你审视所有的人际关系，找找看是否有执着的迹象。你是否会期待别人的行事能符合你并未说出的一些要求，或期待别人同意你的看法?
- 接受孩子本来的面貌，不要将自己的需要及不安投射在他们身上。我们并不拥有孩子，他们需要的是我们的保护。
- 请了解爱别人的重要性，爱别人可以帮助你自己，让你更快乐、头脑更清醒。
- 爱有四个成分：慈爱、慈悲、同喜、平静。
- 开始做出爱的举动，随着时间累积，正当的意图便会跟着出现。

07

伴侣关系：开发德行的绝佳训练所

在充满爱意的家庭气氛中，每个家庭分子都该有所贡献，而没有人该感到被踩在脚下。

科学家告诉我们，热恋时启动的强力化学物质会在后续的 18 到 30 个月当中逐渐消退。在热情刚开始时，两人之间的关系毫不费力，我们都几乎看不到对方的缺点，当然对方也看不到我们的缺点。但只要几年下来，孩子也有了，大部分的伴侣关系多少都会经历一些不稳定的时期。当面临挑战时，某些夫妻因此强化了彼此间的关系，有些夫妻却只能拖着脚步苟延残喘，再有一些则分道扬镳。

无常这真理（或可说“*改变是无法避免的*”）终究是无法逃避的。即使那些好像跟一生的灵魂伴侣生活在一起的妈妈也同意，有些阶段他们与伴侣如胶似漆，有些阶段彼此又觉得可有可无；所有的关系都会经历四季轮转般的变化。不过，当两人之间战火纷飞的时候，或在艰难的时期，我们很容易会把所有在一起的时光都看成同一色调而概念化：“*我跟他在*

一起从来不曾快乐”、“他的心情总是不好”、“我们不再喜欢跟彼此在一起了”。

但不只是我们跟另一半的相处品质一直在改变，我们也要对于伴侣生而为人、在成长上的需要保持开放的态度，就像自己也需要成长一般。对于伴侣的看法始终不变，可能并不符合现实，也不公平，因为既然我们自己无法言行始终如一，我们的伴侣自然也没办法做到。同样，如果拒绝接受伴侣有可能改变及言行前后不一致的这两种情况，或许会让我们无法全心倾听他们，而这本来对双方都会有好处。

我们可以借着审视自己对伴侣的爱是否执着，并凭借四无量心的概念，来判定我们的感情是否为真爱。要想两人关系能够圆满，我们要担负起自身的责任：是否能察觉自己行为背后的意图？是否能察觉自己行为对彼此的影响？有技巧的沟通，指的不仅是说话，也是专注聆听；这是良好关系当中另一个不可或缺的部分。

如果你与伴侣的关系并没有那么充满爱，有可能只是少了点主动性，那么，你们之中必须有人先跨出第一步来让事情得以好转。我们可以一直等待伴侣做出改变，或者我们也可以自己先做出较有爱意的行为。不过，有许多妈妈会觉得他们与伴侣的关系已经有不平衡的情况：她们似乎有责任付出更多的爱与滋养。

家庭是个生命体，如果其中某种关系不平衡，便会影响到其他的关系；而当我们与另一半的关系具有爱意，那么整个家庭都会比较快乐。我们的孩子会注意父母间的关系并加以学习：怎么处理彼此间的紧张、跟对方讲话的态度、处理冲突的方式。所以，如果我们能觉察自己跟另一半之间如何交流，而不是总以机械式反应来应对，那么对于全家都会有好处。

孩子对伴侣关系造成的影响

从积极的一面来看，孩子让我们的伴侣关系有了共同关注的对象。孩子象征我们对于共同的将来所许下的坚定承诺。身为夫妻的我们，分享孩子在达到各个成长阶段的里程碑时的喜悦；我们一起为了他们狂野的怪招、精彩的“评论”而大笑；在盼望许久之后，终于能一起盯着新生儿的脸孔，跟着蹒跚学步、容易兴奋的孩子慢慢走着，低声叫着；也为了他们能沉浸在小小的欢乐之中而感到惊异不已；这些时光丰富、滋养了我们的关系。我们也因为这些而感觉彼此更亲近，这是美好的时光。

然而，孩子所带来的巨变也可能造成伴侣之一对两人关系感到气愤不平，甚至产生敌意。孩子对伴侣关系所造成的压力其实极大：他们让我们与对方在一起的时间更少，剥夺我们的睡眠及精力，需要持续的关注与照顾，打断我们谈话；他们始终就在身边！许多夫妻都感到很奇怪，以前那些让人觉得满足的交谈、共同的兴趣、两个人的旅行、浪漫、性爱等，到底都跑哪儿去了？

有了孩子以后，夫妻之间会面临各种新课题。乔安以前是律师，在女权主义方面有很强的背景，在她突然当妈妈之后，且看她怎么说：

> 在父母的责任分担上，有个令人不大满意的地方，就是婴儿哭的时候，要找的是我的胸部，不是我那位没有性别歧视、很愿意帮忙的伴侣的胸部。我过去在彼此关系上通过讨论而得到的两性平等渐渐地不见了；尽管妈妈的角色嘲弄着我内在的女权主义，伴侣与

我对于融入各自的性别角色却毫无羞耻感。有生以来第一次，我的女权主义不知说什么好了。

孩子所带来的家务几倍于从前，这让我们在分配家务的公平性上可能产生冲突。夫妻可能会怒气冲冲地争论如何养育孩子，而如果他们来自不同形态的家庭，则情况会更严重。经济问题可能是造成压力的一个因素，因为不仅开支会增加，收入通常也会减少，因为两人当中有一个必须要减少受雇的工作时数。我们的雇主在家庭友善的政策上动作通常迟缓，也使得我们在现有困难之上还要遇上加班及其他缺乏弹性的事。

在许多家庭中，照顾孩子的人及工作的人所处的世界可能看起来很不一样，我们会发现彼此的共同之处比以前更少，还会比较谁的状况更为棘手："你认为你的日子够难受了！我就要忍受……"最糟糕时，我们会发现彼此的关系落入一成不变的俗套里，习惯互相指责、为小事争吵，而在许多家庭中，最终放弃改变而接受这样的两人关系。

"停下来了解"对于处理人际关系的问题特别有价值。我们要停下脚步、试着了解跟对方的关系，可能因而认知到，或许存在着另一种更完善的关系。伴侣关系在我们开发德行上是绝佳的训练场所。我们可以拒绝以有害的方式拥有关系。就如同教养孩子一般，伴侣关系只是另一种心灵修炼的方式，而如果我们能以这种角度来看待，会更有动力为处理这种关系而努力。

如果伴侣关系能通过孩子的考验而无伤，那么便已通过最艰难的考验，也就极为宝贵了。

更纯粹地来爱我们的伴侣

想要让自己能更纯粹地爱另一半，要先审视两人的关系，看看是否存有执着以及“彼此是分开的”这种错认；也要确认四无量心（慈爱、慈悲、同喜、平静）是否存在。我们都是尚未开悟的人，很容易在这些领域中发现自己的不足，也因此，与另一半的生活只会越来越好。

是爱还是执着

当我们发现自己时常考虑自身的需求与期望、考虑另一半是否让自己得到满足，还有相对来说很少花时间以对方的角度看待生活的时候，我们便知道，自己在这段关系里抱持着一种并不健康的执着心理。我们期待伴侣能读懂我们的心思、会发现我们所要的东西、会让我们快乐。我们可能会发现自己这么想：“如果他真的爱我，他会做这事、那事，还有那事。”

满足的感觉必然来自内在，所以我们不能总是期待另一半提供我们快乐。有时，关系当中会出现问题，有部分的原因是因为我们忽视了自己的内在；在较忙碌的家里，这是常见的陷阱。

我们可以问自己：

- 伴侣是否常觉得不满足、爱依靠别人或心理上想依赖别人？
- 我们的爱是不是充斥着期待与要求？彼此的感情是不是取决于这些期待及要求能否得到满足？
- 我们是否让彼此有足够的空间可以转化、改变、成长？

我们是否了解彼此是一体的

在上一章我们曾提到过，由于信念上的错误，认为自己拥有个别的自我而努力工作，将我们跟“别人”的利益看作是冲突的；我们没看出彼此在根本上相连的关系。即使我们不能了解“我们与众生是一体”的真理，至少应可同意，大家都有离苦得乐的欲求。这让即使最不相同的两人间也有重大的共同点。

若想审视自己与伴侣在感觉上一体的程度，我们可以问自己：

- 我们之间的关系是否由于“感觉彼此是分离的、不相关的、对立的”这种错误想法而一直存在问题?
- 我们能否看到，关心彼此的爱好也是关心我们自己的一种方式?

要想有爱，就必须四无量心都要有。我们可以用下面这些问题来考虑自己在四无量心上的情况：

有慈爱吗：

- 是否彼此都能真诚地希望伴侣快乐，且不再痛苦或不舒服?
- 是否能积极找出途径，来仁慈地对待彼此、让对方有快乐时光?
- 是否彼此都能表达对另一半的感谢? 赞美与批评是怎样的比例?
- 是否注意倾听彼此的话，以了解伴侣的世界和需求?

有慈悲吗：

- 是否经常设身处地来考虑伴侣的难处？
- 是否彼此都能了解另一半受苦的原因？
- 是否能够倾听彼此的不平之鸣，且希望能减轻彼此所受的苦？
- 是否经常表达对彼此难处的关心，或者加以探询？
- 是否能原谅彼此过往所犯的错？

有同喜吗：

- 能否为另一半的喜悦而快乐？能否一同为某事而欢欣庆祝？
- 对彼此的埋怨是否助燃了嫉妒或竞争心理？
- 对彼此的生活是否足够了解，因而知道可能让对方喜悦的因素？

有平静吗：

- 是否会期待伴侣带给我们所需的一切？或者，我们的爱有没有较多的对象，而不必不公平地依赖另一半，要他满足我们所有想跟别人有所联结的需求？
- 是否可以接纳关系当中会出现季节般的演变；在冬天降临时能坦然面对，同时也知道春天会跟着到来？

担负起自身的责任

观察自己一天之中对事物的反应，就可以发现自己对于感觉愉悦的事物会去追求，反之则会逃避。我们或许也会察觉，若对待伴侣的想法与行为不妥当，而要自己负起责任时，那种感觉并不舒服；当我们承认自己过度反应或有错的时候，并不会觉得特别舒服。就我个人而言，让我在整个礼拜当中都表现得完全无私，是几乎不可能的。

逃避，是我们面对责任时自然会采取的反应。我们会避免去想在紧张关系当中自身所扮演的角色：只要埋头于重要的工作，或抱一大碗冰激凌看情境喜剧，就可以让令人不悦的罪恶感压抑下来。通常我们比较容易去责怪伴侣，而不花时间审视自己该负责的部分，因此到最后可能会发现自己身陷习惯性的埋怨之中。当我们想到伴侣便只出现负面感觉时，就知道自己是在重复习惯性的行为。

想负责任就该“停下来了解”；双方都要停下来，质疑自己对伴侣的行为是否正确。正确的行为会加强爱，不正确的行为则加强距离感。我们都知道该怎么做才对：让自己对对方感兴趣，花点时间及注意力称赞彼此，并找出让彼此快乐的方式。正确的行为并不需要我们另外学习，但却需要经常了解到这种行为是必要的。

玛丽发现，丈夫心情不好时她所做出的反应造成了家里的冲突。她想为自己在冲突当中的角色负起责任。

如果我的丈夫白天工作压力大，回家时可能会变得阴郁、情绪低落。我通常的反应就是觉得很讨厌，厌烦他对家中气氛造成的影响，还有他阴郁的表情、闷不吭声的样子。我需要面对的是，由于自己不愿包容他的心情而对气氛造成伤害的程度，其实跟他的坏心情所造成的不相上下。如果跟他正面冲突，我就引爆了他的坏情绪，还把自己的负面情绪也丢进家庭气氛里。我该认知到在生活中有坏心情其实很自然，而他和我一样，也有权可以偶尔有这样的心情；而且，他的坏心情总会过去，我并不需要当场加以压抑。

我必须学着克制自己的反应，避免马上与他争论，因为这可能造成整个不良气氛的恶化。我专注观察自己在他心情不好时的反应，发现有一股憎恨，只因他不够完美就把他妖魔化。对于他而言，在一天艰难疲累的工作后回到家里，还得把自己投入家庭生活中，这很难，但我却没有慈悲心。

这么说并不表示他可以不负责任。有些时候，我们仍要适当体贴对方的坏心情，并加以商讨，不过得在孩子上床以后；他也要为自己在家中的行为负责。重点就是，我们两人都必须负责；而且，如果我把自己当成受害者，认为自己一直被错待，可怜自己必须跟怪物一起过日子，只会带来伤害。

虽然不可避免的，有些时候伴侣才是做错的一方，但如果我们能为彼此的难处负起一些责任，便可因此学习、成长，进而强化彼此的关系。要说双方都完全没有可怪罪的，这种情形其实很少有。我知道当我需要跟丈夫谈点事情的时候，如果能在一开始就提到自己的错，会让他解除武装。

我们应该审视自己为伴侣做事时隐藏于背后的动机。我们的动机能带来善业吗？是否让自己的心变得更冷、更硬？对自己及别人有什么样的影响？“担负更多责任”意味着除了要学习倾听自己说出的话外，也要听到自己与这个关系相关的意见；同时也代表要认知到，反应的方式是自己选择的。

我们必须承认，有时候我们只有能力关心身处的环境及自身的舒适，可能完全忽略了伴侣所体验到的生活层面。同样，他们有些时候也会忽略我们所体验到的，而这如果发生得太频繁，我们就需要体贴地找出时间来谈一谈，同时注意所用的字眼。正当言语的价值值得一再强调。

爱自己

不论是否有所察觉，我们对待彼此的方式跟对待自己的方式其实很类似。如果我们不愿意探索自己痛苦的所在，也就不愿意深入探视别人的痛苦;如果我们对自己的态度是严厉批判的，同样也会延伸到别人身上。因此，对自己的慈悲心正是所有关系当中慈悲心的基础，当然也包括与伴侣的关系。如果我们对自己缺乏慈悲心，可能会觉得内心有所不足，或对伴侣产生更多的要求；可能会期望伴侣提供那些我们无法给予自己的。

在一天的任何时刻里，都可试着想想自己的好处。我们可通过回想自己做过的宽宏大量的行为，而发现更多有力的理由来爱自己；我们借着提醒自己具有爱的能力而带来自尊，将平日较为严苛、自我批判的习惯加以扭转。我们或许在过去曾学到：若要爱自己，本身必须够好。我们必须在某些领域有杰出表现，或者要有人爱我们，这样才行。如果你能把重心转移，因为自己关心邻居的孩子，或同情某个受苦的人，或帮助了需要帮助的人而爱自己，会是一种解脱。

另一种培养对自己的爱的方式就是很单纯地提醒自己：我们都有佛性。我们可以自在地去认定，每个人内在都有个完美的、具有爱意的、睿智的存在。当我们能接触到自身的佛性，以及此佛性在我们或别人身上所投注的爱时，也就不太需要伴侣用我们期待的方式来表达对我们的爱了。

许多人对于伴侣无法提供她们所需要的爱而感到失望：我们的伴侣或许无法以亲密的谈话、关心及体贴、无关性爱的情感表现来满足我们。问题可能并非他们的心中缺乏爱意，而是无法以我们渴望的方式表现出来。从我们的佛性当中提取爱，就像是为自己找到了完美的爱之泉，这让我们更能够做到自给自足。

在培养对于自身的慈悲心这件事上，培养乐在独处的能力，以及找机会独处也相当重要。我们习惯花时间跟所爱的人相处，因为我们知道需要这样对待这些关系。那么我们怎么能不在与自己的关系这么重要的事上花时间呢？这种专注能让我们有机会在与自己的关系上创造些可以回转的余地，而相对也会加强我们所有其他的关系。

在繁重的家务面前，如何谈论“公平待遇”

孩子为我们带来额外而沉重的家务负荷，于是在大部分家庭中，怎么做才算公平分配家务，这常会带来家庭关系的紧张。我们常读到一些报告提及妈妈的愤怒与筋疲力尽的情况，这些妈妈觉得自己的负担超出了公平的范围。有许多女性已放弃追求公平的可能，而有些女性的内心则被埋怨所啃噬。我们当中有许多人在刚进入伴侣关系时所期待的是平等的关系，而结果却觉得被欺骗了。

也有些伴侣，不管是由于工作方面缺乏弹性还是本身缺乏兴趣，因此跟孩子相处的时间不够多，进而让我们所能获得的“自己的时间”也不够多。虽然有些伴侣会做出勇敢的尝试，让我们能够得到一些辛苦赚得的休息时间，不过还是有许多伴侣并不喜欢单独照顾小孩，而且总要让我们在离开家的时候有点罪恶感。虽然多数家庭的伴侣双方都为家居生活的需求勉力而为，但绝大多数的时候还是女性在承担一些如睡眠、休息、家务等方面的不公平待遇。在许多方面，我们的情况也许比自己的妈妈要好得多了，但这场战事离结束似乎还很远。

可以理解的是，有许多妈妈担心自己的付出和忍让会使她们变成人人可以踩踏的脚垫。当我们有可能被剥削的时候，又如何能培养自我的美德呢？如果我们不能生气，又如何能取得公平待遇呢？如果伴侣不理会我们对于所渴望的生活方式的感觉，我们又怎么能够单纯地将爱施与他们呢？这些问题都很难回答，也是我们当中许多人每日苦思的内容，而有些人因为想拥有内心的平静，则根本放弃努力了。

广泛地说，我们能够做的就是找出恰当而充满爱的方式来解决问题。不过，有件事是可以确定的：生气并非解答。虽说当我们发现自己处于不公平的情况下时，会习惯以生气来反应；但一颗愤怒的心对于我们自身（我们的快乐、健康、自我身心成长）所造成的伤害是极大的，相较之下，我们通过生气所取得的成果真是不值一提了。

那么，我们的处境究竟如何？我们是否只能很有耐心地接受一个并不公平的待遇？如果可以做一些事情来改变不好的状况，我们并不需要就此接受这些状况。

简单地说，尽我们所能来做，然后只要快快乐乐的就好。如果我们的伴侣根本不可能改变，而不论由于什么因素，我们又无法离开他，那么我们就可以练习有耐心地接纳。以我个人来说，看到在我之前那些为女权主义奋斗那么多年的勇士的奋斗结果，我宁愿专心找出可以改善的方式。在某些情况下，解决的方法可能是雇用保姆或小时工；在另一些情况下，可以用轮流承担家务的方式；至于其他情况，则需要通过不断的商讨来解决。为了避免激烈冲突的发生，我们或许可以考虑用平静的讨论来解决问题，可以先对伴侣的贡献及难处加以肯定，然后再要求他们多做一些。如果我们觉得无法将这个题目拿来平静地讨论，也可以考虑给自己的伴侣写封措辞谨慎的信，信的内容要不遗巨细、面面俱到。

如果事情可以弥补，
何必因此不快乐？
而如果事情无法弥补，
那么，仍没有道理要不快乐。

和伴侣讨论或磋商的时候，要有慈悲心。我们很容易会把焦点放在自身所受的苦上，因为自我的感觉比伴侣的痛苦要来得大，但是别忘了我们的伴侣也是人、也同样受苦。如果我们能花点时间，想想他们受苦的情况，培养对他们的慈悲及关怀之心，这些都会对我们有所帮助。

在充满爱意的家庭气氛当中，每个家庭分子都该有所贡献，而没有人该感到被踩在脚下。接受我们认为不公平的负担，对于我们自身来说并不是爱，付出总该恰当才好。让家中的成员变得懒惰，会同时造成对他们不好的业，因为他们会将懒惰制约成习惯，进而成为性格的一部分。“行动会带来结果”这一事实，不仅仅影响着我们的家庭成员，也渗透进整个社会及下一代。如果我们的孩子把女性看成家中的仆人，不仅会继续虐待我们的女儿及她们的女儿，我们的儿子也可能会将这项不平等继续贯彻，增加两性间的紧张对立。

我的一位朋友相信，“有耐心地接受”在多数关系当中都扮演着重要的角色。她在讨论现代婚姻问题的论文中说：

> 我们必须以历史的角度来审视婚姻当中的平等问题。对于自己身处于历史当中的目前这一时点，而非未来的某个时点，去浪费精力生气，就好像你希望能够得到博士学位，但是却为了现在还没有得到而生气一样。身为女人，我们可以为自己在一代之间所取得的巨大进步而庆贺。

正当的言语

“正当的言语”是八正道当中的一项。佛陀没有把它放在“正当的行动”当中，虽说不可否认，言语也算是行动的一种，但很清楚，他觉得正当的言语值得特别强调。回想一下，我们会发现几十年前说的一些话，到现在仍会折磨我们。佛陀把言语比喻成一把斧头，是需要精确度及力量的工具，也是可造成巨大伤害的武器。在佛教的十项罪恶（或十恶）当中，有三项与身体有关、三项与心有关、四项与说话有关，这四项就是：说谎、诽谤、恶语、闲言（佛典用语则为：妄言、两舌、恶口、绮语）。

一、不要说谎，要诚实。要基于爱心、运用判断力、无所畏惧地说出实话来。
二、不要凭空捏造坏话，也不要散布坏话。不要挑毛病，而要找出别人的好处，这样你就可以真诚地跟他们共同抵御敌人。
三、不要咒骂，而要正直、有尊严地说话。
四、不要浪费时间说闲话，而要说有帮助的话，否则保持沉默。

正当的言语在所有生活领域之中都是十分宝贵的，而在家中更是如此。跟任何其他关系相比，我们在伴侣关系里更能说出心里话、更能做自己。跟伴侣在一起的时候，我们可以在问题出现时就加以讨论，这真值得感恩；如果我们遇上伤脑筋的事情就跟朋友提起的话，会落得个被遗弃的下场。自由地向伴侣表达也有坏处，这也是我们多数人都熟知的，就是可能带来冲突。

使用恰当的言语，可在出现冲突时对程度加以控制。我们说话的方式具有传染性。如果我们因受刺激而愤怒地说话，对方也可能采取相同的语气；如果伴侣高兴地跟你打招呼，不管原来的感觉怎样，你可能会因此较为轻松，并以类似的方式回应。我们说话的方式会让气氛得以加温，而这一点可能比我们所了解到的还来得重要些。对 750 个澳洲家庭所做的一项研究指出，对教养良好的青少年来讲，没有比家中的社交气氛及情绪氛围更重要的功臣了。

我们所说的话会透露出我们的态度，以及我们内心最重要的想法；正因我们一向对于这两者都想努力投入专注力，也该注意自己所说的话及这些话所造成的效果。我丈夫听到过我批评别人、抱怨遇到的困难、无法控制地诉说偏执的想法、发脾气；从我们的交谈里，我可以很容易就整理出自己需要注意和改善的地方。有种很有趣的“六十秒练习”，就是让两个人进行谈话；但是，在每次回答前都要先停六十秒，这样练习可以让谈话更有建设性、更有帮助。妈妈们可能没有时间来做这种练习，但我们或许可以在说话之前暂停一下。

那么佛陀是怎样定义“正当的言语”呢？首先，他说正当的言语就是“诚实的”言语。这表示我们要以开放、坦白、简单的方式来互动，并且避免说谎。接着他说，我们说的话应该“仁慈”而“温和”。我们不宜说尖锐的话，也应避免讲出恶意、有伤害性、自私自利的话。我们所说的话同时也应“有帮助”才好。这代表我们要避免说人闲话，破坏彼此间的信赖，也不宜不顾听者的需要及兴趣而喋喋不休。有位妈妈说明了这项教导为她带来的改变：

> 我了解自己必须停止咒骂别人。如果我想让自己对别人仁慈、温和、有帮助，就必须审视一下所说的话。我的嘴巴并非特别的坏，但是有些字眼却很有助燃性。

她还给出了具体的例子：

> 我不再说我“气死了”，也不再说某人或别人“根本毫不在乎”。我也不再跟我丈夫讲那些我所遇到的“白痴、智障、没用的人”如何的话；如果我用这些字眼，又怎么能有慈悲心呢？强烈的字眼会让我听起来比实际情况还生气，没有必要地提升紧张度。而如果我能够完全不再用这些负面字眼来思考，这对于获得内心的平静来说就跨出了一大步。

如果能记得一些佛法原则也是很有帮助的：

对象要正确。在我们应该和自己的内心对话时，有“沟通过分”的倾向。如果总将自己的问题拿给伴侣或认识的人看，可能因而无法从自己身上找到答案。我们让直觉睡大觉了。别人可能不断给我们建议、意见或故事，直到我们再也听不到内在的声音为止。我们需要找出中间区域，更开放地与更多人进行沟通。

时间和地点要正确。马克因为早餐麦片不小心洒出来，对着他一岁的孩子大吼，莎伦觉得马克对于单纯的意外反应过度了，便马上正面质疑他。马克变得有防卫心，也开始攻击莎伦。如果莎伦可以等马克的怒气消退、渐渐平静时，再来和他谈什么是对于孩子比较实际的期待，那么他们可以完全避免这次争执。

对于什么时候该提出我们所关心的事，必须考虑周到。我们想到那件事的时候，在时机上并不一定很适合。若是伴侣批评我们，马上跳起来防卫自己的做法也并不一定明智。如果稍后反省时，我们认为自己被误评了，可以在气氛平和、头脑冷静时提出来。如果我们能不被热烈的争执所挑动（而问题很少能在这种时候被解决），对情况才会真的有帮助。自我克制的美德或许一向都被忽略了。

话题要正确。想要话题正确，我们首先要能觉察听者的兴趣所在，以及我们说话的动机。在我们说话之前，可以先停下来问自己："我为什么要说这话？我是想帮忙，还是想批评、夸大、嘲弄、影响、伤害？"

尽管听起来简单，我们仍要提醒自己"少抱怨、多赞赏"。这对家里的气氛能带来奇迹般的效果。正如这位妈妈所说的：

有好几年了，我衷心希望自己的丈夫可以更赞赏我，更热情、更愿意告诉我一些事、任何他感到喜欢我的地方都好。我受到一本好书的启发而开始告诉他，他什么时候看起来很英俊，为了他的优点而感谢他、经常拥抱他。或许我只是很幸运，他真的开始在生活中回报我。我无法相信竟然这么简单就可以让我们的婚姻走上较为健康的路。那些年我都白白浪费了！

总而言之，说话前要先想一想：“我要说的话是真的吗？这样仁慈吗？有帮助吗？会不会造成伤害？现在说好吗？我真的该说吗？”问自己这些问题可以帮助我们从错误中学习，这方面我自己所犯下的错误真是太多了。要随心所欲地驾驭“正当”的语言，可能还要花许多时间，但至少，我可以享受到不断进步的好处。

讲话小声点或慢一点是有帮助的，或者让自己故意在回应以前停顿一下。我们不想因为太过小心而破坏自己在谈话中可以享受到的乐趣，但是如果能持之以恒、慢慢改进，可以让我们不会因悔恨而痛苦，也不会造恶业。

倾听是一项技能

真正的倾听，也就是全神贯注在别人身上，是将爱意强力表现出来的一种方式。当有人安静、专注而没有批判地倾听你说话时，你会感觉如沐春风，因此有机会探索自己所面对的现实、发现一些想法、让自己的视野更宽广、变得更有创意，也可找到机会减轻自己的负担。在伴侣关系当中，倾听这一单纯的动作是多么别致的一项礼物啊！

但对于我们多数人来讲，有耐心的倾听并非那么容易就做得到。你认识多少个能好好倾听的人？他们让你感到可以畅所欲言，甚至像是他们自己也踏上了你所走过的旅程？而如果这样的事真的发生了，你的感觉又是如何呢？焕然一新、得到解放、欣喜万分？倾听是项技能，而就像所有的技能一样，倾听也需要练习，需要从失败中学习。

我们都希望能被了解，能以本来面貌为人所爱。好好地倾听可以让我们更深入地了解伴侣，更贴心地彼此相爱。当感受到伴侣了解我们的时候，或是伴侣有此感受的时候，我们会感到一种自信，因为我们对彼此还是有兴趣的。当我们不再倾听时，关系便出现了危机。

与我们想象的刚好相反，要倾听那些与我们最亲近的人的述说通常是最难做到的。在关系刚开始的时候，要倾听对方是相当简单的事，因为这时候我们对听到的话感到新鲜，会觉得有所启发，新恋情所启动的荷尔蒙正在发生作用。过一段时间，习惯性的爱听不听便回来了：我们用自动导航的方式倾听，或许自己讲的要比伴侣说的更多。

我们忘了无常的真理，以为自己了解伴侣的为人，也知道他们要说些什么。或者，自身的期待、需求或判断误导了我们对伴侣所说的话的理解。想要做到好好倾听，必须先能认知到一点：我们无法知道一个人的全部。不论哪一天，我们所认识的人都在微妙的改变中。倾听需要我们运用想象力，需要我们进入伴侣所看到的现实情况里。

倾听是一种专注的形态。在倾听时，我们把注意力集中在对象身上，过了一会儿，有可能会发现心思游移了、批判了或者在试着改变某个情况；没关系，只要将注意力放回说话者所说的字眼上就好。我们对于他们所传达的信息的各个层面都要注意：身体语言、语调、字句背后的情感（这是最重要的）。

要让别人信赖我们，需要培养彼此的互信，而这表示我们必须不去控制谈话的进行。我们的“自我”所扮演的角色在背景之中隐没了，因为我们要努力以慈悲心来回应对方。我们将批判束之高阁：任何事情都不是“非黑即白”的。即使不同意或不赞成别人的话，我们仍要听完说话者所呈现的现实。我们暂时不管自己所关心的问题及主题，也不需要让自己听起来聪明或睿智，要停止自己打断别人、表达同情、给予建议、转移话题的动作。

提出问题通常可以让我们掌控谈话的进行或满足自己的好奇心，但要让说话者自行决定想透露的内容。想要不受到自己所关心的主题的引导，总结别人所说的，或说出对他们的感受所感知到的部分，会是个好法子；譬如，我们可以对他们的处境用这样的话回应："听起来很让人沮丧。"说话者听到我们了解他们的感受，便会觉得很放松，会因此透露更多自己的感受。

就像对"正当的言语"所做的练习，我们也可以通过回想对话内容来挑战自己以求得进步："我倾听的专注程度如何？批判了吗？提出意见及解答了吗？我有多专心？"作为一个专心而自制的纯熟倾听者，可以让自己成为伴侣和孩子的有力靠山。倾听是让自己脱离"自私、只想到自己、以自我为中心"的可靠途径，也使得我们的世界更宽广。

Buddhism for mothers

妈妈的禅定时刻

- 请接受这个事实：任何一项人际关系以及其中所牵涉的人，都会经历变迁，没有什么状态是永远不变的。
- 请勇敢地主动改善与伴侣的关系。
- 请记得，你的孩子从你的人际关系当中学习。
- 如果你陷于负面的人际关系模式当中，譬如：拌嘴、责怪、批评等，请“停下来了解”。
- 请检查一下你对伴侣的爱是否为某种执着：看看这份爱是否让你体会到彼此一体？是否含有慈爱、慈悲、同喜、平静四项特质？
- 常常以伴侣的角度来考虑事情，也鼓励伴侣这么做。
- 找时间好好处理与自己的关系。让自己独处也能欣然。
- 请了解：说话的方式具有传染性。

08

自我：我再也不知道自己是谁

我们习惯于把自我看成一个清楚明白的实体，这会不会只是个错觉呢？

通常，我们所体验到的快乐都掺杂了一些焦虑的成分：该怎么做才能保有快乐？我们真的有资格得到这快乐吗？还有那么多人在悲惨中度日，我们难道有权利快乐吗？

已经有许多人通过贩售他们自己的“快乐的十个秘密”而致富了。真的有能让人快乐的秘密吗？从外在世界辛苦取得的任何一种快乐都只是暂时的，深刻而持久的快乐必定来自内在。

我回想生命当中那些平安喜乐的时刻，发现外来的快乐真的比较短暂，而且伴有焦虑的色彩。当我的大儿子扎克突然被抛进我肚子里，我可以说从来没有感受过如此的喜悦，但是很快就有了忧心及疑虑。他能活下来吗？会不会有人把他偷走？我会是个够格的妈妈吗？当这个快乐的源头出生后，开始在每个晚上哭叫好几个钟头时，我又和以往一样忧心不已。

那些遥不可及的快乐

快乐来自内在。我们可能都听到过这句话，但是即使我们都同意这句话，请想想看，我们花了多少时间在外面的世界寻求快乐，而不是从内在。我们总是基于某个原因而向外寻求快乐，无法相信快乐在任何时刻都唾手可得。

在我们的生活中总是充斥着对这个世界的各种欲念、期待甚至要求；我们告诉自己，世界应该提供爱我们的伴侣、让我们感到骄傲的孩子、对我们感到艳羡的朋友、令人满意的事业、许多属于自己的东西、经常性的玩乐刺激，而这些只是刚起个头而已。如果我们在某个领域发现了不足之处，会一直在心里惦记着，直到开始不快乐；如果我们在某个领域运气不错的话，会感受到很大的快乐，但不会持续太久。

即使生活符合我们的期待，我们还是会提高标准，觉得自己需要更多；既然我们已经有了舒服的家，何不努力让家变得更光鲜亮丽，这样我们才会快乐，才可以从此心安。

“如果……就好”症候群

我们一直骗自己，快乐就在转角，但总是触摸不到。“如果我可以离开学校就好了”变成“如果我可以找到更好的工作就好了”，然后会变成“如果我可以找个人来爱就好了”，一个又一个，或许在我们的余生还会继续下去。我们很快就发现，孩子带给我们很大的喜悦，但是同时也带来了数不清的挑战及悲哀。因为快乐总是在下一个转角，我们或许要到生命的尽头时才发现，我们从来不让自己现在就快乐，却因此将许多可以体验到喜悦的机缘白白浪费掉了。

我们不停地把自己的经验分为“好”与“坏”，然后试着把自己的生活安排成可以避免“坏的”、吸引“好的”。尽管这样努力，我们终究还是失败的，因为生命会带给你“一万个喜悦和一万个悲哀”；我们一定会遇到痛苦，也会遇到快乐，所以我们实在无法把快乐与外在的环境挂钩。

在头脑清楚的时候，我们也许会看出真实的状况：对于一时的快乐无止境的追求似乎不能带来任何结果，但我们又能怎样？我们没有认知到内在的贫乏，反而在外在世界里更热烈地尝试，因为很显然，我们需要更多这世界所能提供的东西。我们或许会说服自己，去环球旅行、谈个恋爱、转换人生的跑道，然后我们又会回到从外在世界索取的更多的循环里。

我们忙乱地跑东跑西，或许成功地把自己从内在世界里拉开，不过，我们迟早会感到一种需要：让自己找出时间，什么也不做，只是处在当下。如果我们学会从内在寻求快乐，而不是把它跟外在环境相联结，也会找到力量来面对生活中的挑战。难的地方在于停止往外寻求快乐，因此我们必须出发来个内在之旅。

快乐，或是缺乏快乐，有可能是妈妈们感觉到迫切需要解决的一件事。这在第二个孩子来到家里时更加突出。《悉尼之子》曾经报道过某个研究结果："妇女在第二个孩子出生之后的那一年，生活上所得到的满足会出现有生以来的最低点。"另一项研究发现，许多生了第二胎的妈妈所承受的压力程度很高，甚至需要寻求医疗上的协助。

妈妈们要花许多时间照料那些生活当中"必须"做的事：杂务、书信、电话、约会、生日，必须让所有家庭成员都能拥有被全心对待的时刻，还要与亲戚们保持联络，头脑里始终在整理许多琐碎的细节，感觉都快爆掉了。

有了家庭责任之后，我们再也不能那么自在地寻求自身的快乐；在事业上、爱好上、朋友上所花的时间都变少了，同时还可能发现"家庭假期"是个矛盾的字眼。有时候，只是婴儿的低声哭叫、学步孩子发顿脾气、女儿睡眠出现问题、儿子叛逆的行为，或职场上出现无法配合的情形，快乐的可能性便因此烟消云散；孩子以及其他人让我们受的磨炼真可说是没完没了。有时候，快乐就像是最不敢奢求的梦想，我们会谦卑地将自己的希望局限在"一点平静与安宁"上。

当然，妈妈从自身以外的世界也可以找到新的快乐：看着孩子成长、为了他们好笑的行为开怀、有了新的朋友圈。然而，她仍可能发现自己身处延迟快乐的循环之中："如果他们都在学校多好"、"如果我们已过了这个阶段多好"、"他们如果能搬出去多好"。

我们有时候会听到比较有经验的妈妈若有所思地说："他们长得真快，对不对？"我们有些人可能并不相信她们所说的话，但是，生命中的这个时期总会过去，在日后看来仍会感到珍贵。身兼作家及妈妈两职的安妮·库什曼对此相当了解：

要不断提醒自己无常的道理，在这参差不齐、缺乏关怀的世界里，是否有更好的养育孩子的方式？而就算每件事都完全顺利进行，我知道这个正唱着歌、热情吸吮玩具鸭嘴，同时还从浴盆里往我身上泼水的小子，还是会像肥皂泡泡一般溶解消失。昨天，当我在七月艳阳下一圈圈游着泳时，他是我肚子里一块会踢人的肉球；而明天，他会是个边哭边把我的骨灰撒在山中湖泊的中年人。

我们如果将自身的快乐往后延到孩子长大些时，就会无法看到自身生命在此阶段的重要性。当我们更老些，或许在翻阅他们童年的相簿时，可能要遗憾自己没能更享受孩子还小时跟他们在一起的时光；我们本来是可以的。研究不断发现，生命中最初几年对于孩子心理及智力上的发展是最重要的，这再次提醒了我们，当孩子还小时与他们相处的时光是如何的宝贵。

自我形象带来的窘境

在有孩子以前，我们可以安排自己的生活让自我形象得到滋养；如果事业不够让人满意，可以从事其他有兴趣的活动来让自我认同感得到满足。我们还年轻，觉得自己永远都不会老。虽说我们并不是完全没遇到过麻烦事，但生活的经历毕竟少，有许多可以分神的事让我们不会太注意这世上的问题。让自己躲开第一圣谛（有生命就有苦与不满足）要比现在简单，我们心里从不会想到变老、生病、死亡这些事。

如今有了孩子，我们当中有许多人逐渐离开了自己的事业，也很难找出时间来在工作及家庭之外继续发展自己的兴趣爱好。我们或许会问自己："我到底是什么人？"可是却再也不知道答案。如今我们要怎样编织出自己的形象？虽然有些生来就适合当妈妈的人可能是例外，但大多数人还是会觉得，一天到晚只是回应孩子的需求对于自我形象毫无帮助。有个朋友这样告诉她那要求很多的三岁女儿："我不是你的奴隶！"结果却只是再次得到确认，因为她得到这样的答案："你就是！"

有些时候，我们觉得自己身为妈妈很骄傲，感觉上就好像"有孩子万事足"。但有些时候，当教养孩子的问题让我们手足无措，或是让我们觉得自己的生活形态只是永无休止的自我牺牲时，自我形象就受到了严重的打击。有些妈妈很悲哀地表示："我自己的时间那么少，而等到我有时间的时候已经筋疲力尽，根本用不上了"，"我的事业已经结束了"，"我唯一做的事情就是满足别人的需求"；而最糟糕的是："我再也不知道自己是谁了。"这些都是自我形象受到打击所出现的症状。

就像我的朋友乔安所说：

> 生下第二个孩子之后的那几个月里，我觉得过去所知道的自己已经完全消失，再也无法想起。我还想，这大概就是发疯时会有的感觉。而在接下来的几个月里，我却只能无助地看着自己心里完美的妈妈快速而可怕地死去。

> 你的自我形象、你对自己以某种稳定而永久不变的样子存在着的坚持，只会让你痛苦而已。

如果在妈妈的一天里，充斥的只有鼓励孩子的活动，琐碎的每日事务、会面、杂务，那么该如何来培养积极的自我形象？有许多妈妈在工作之中寻求答案，但是我们的工作所提供的自我形象又有多可靠呢？我们所做的工作对于自我形象所造成的伤害或许比帮助还多。我们的工作状况也有可能一夜之间就发生变化，让我们的自我形象就此失去了源头。更何况，在孩子及工作之间忙乱的生活，可能会让我们觉得两样事情都没做好。

三个字就可以总结佛法对于自我形象的看法：“丢了它。”

对于认同感的追求

我们对于认同感的渴求造成自己的负累。我们觉得，只有当自己是“有价值”的人时，才能快乐。我们在脑海里将自己的优缺点都编纂列表，还持续监督自己的表现；我们要求自己跟现在所看到的自己不一样。没有太多人愿意承认他们生活中的目标就是要创造一个自己的正面形象，因为这好像是说：“我把大部分的精力都投注在设法让自己可以感到真正自傲上。”虽然这听起来并非十分值得羡慕，但如果我们好好看看自己的想法及行为，会发现这正是所透露出的信息。甚至，我们有可能将大部分生命都投注在实现自己对于自我形象的渴求上。

我们是否常发现自己：

- 努力想做个完美的妈妈、职业女性、家庭主妇，不论在身心健康上要付出多少代价。
- 当我们无法达到自己的期待时有罪恶感。
- 将自己与别人比较。
- 担心别人对我们的看法。

- 只为了别人稍有批评的意思就过度反应。
- 寻求别人的赞同。

我们有可能在临死之际才恍然大悟：我一辈子都花费在寻求自尊上，过日子该有更好的方式才对，何必让自己这么麻烦地去追求积极的自我形象，你根本连“自我”都没有！也就是说，从稳定、前后一致或持续的角度来看，这样的“你”并不存在。“无我”的教导一开始会让你觉得匪夷所思，但等你仔细研究后，却可能对这个教导与实际情况相符合的程度深感震惊。

你到底是谁

如果有可能把你所想的写下来当作剧本，读起来会像是给某个演员写的独白呢，还是更像一本写给好几个演员的剧本，而且每个演员想探讨的问题都截然不同？请你想象一下这位妈妈连绵不断的思绪：

> 或许我应该打电话给安妮，她大概会有点寂寞；不过我有那么多事情要做，实在没有时间；但是她总是对我那么好，我应该更关心她；事实上我不是很想聊天，有点累了；我一定要打电话给会计。

这就好像我们脑袋里面有好几个人：有人给你建议，有人否决你的行动，还有人强迫你考虑别人的感觉；简直就像有一队人马抢着要主宰情势一样。这些争执有可能会让你陷入困惑而无解的境地，或者，你可能会遵循声音最大的意见，而在稍后处理其他的。

哪个声音来自你的自我呢？所有的声音都在你的脑袋里，但是它们似乎都有不同的个性。倾听这场在脑袋里举行的聊天会，我们是否可以找到一个自己认为始终一致的声音呢？我们习惯于把自我看成一个清楚明白的实体，这会不会只是个错觉呢？

如何定义“自我”

这项“认为自我持续而稳定”的信念是否理性？首先，你要怎样定义“自我”？到底“自我”是什么？你会用标签式的描述来形容自己吗？“我没耐性、又悲观，不过我也热情、容易亲近。”若要用这些标签来形容自己，则必须先假设我们的人格特质不会因时变迁。然而，我们在没耐性、热情或其他任何一种特质上的倾向，其实每天都有所改变；这些特质当中没有一项是一辈子不变的。

我们或许可以把“自我”定义为过往经验的总和？但这让我们必须依赖记忆的内容，而记忆其实相当不可靠。人的天性喜欢把过往的记忆加减乘除一番：压抑某些记忆，重复回忆某些事件，并在回忆中扭曲这些事的面貌。我们把记忆加以整理、美化，还会添上一些看起来合理但从不曾发生的小细节。况且，在数年以后若是再次遇上同样的事件，我们的举止也有可能完全不同，从而创造出全然两样的故事来。就算我们的记忆力超强，过往的经验仍不能因此定义我们本身。我们也许曾因学校生活受到伤害，但我们可以选择是否要“认同”这些经验，并成为坚执信念一辈子的受害者。

那么，我们是否可以用自己扮演的角色来定义自我？当我们出席社交场合时，别人会问：“你是做什么的？”但我们从事的职业所提供的信息很有限，尤其当我们并不喜欢自己的工作时更是如此。同样，我们也不能用“亲密伴侣”、“孝顺的女儿”、“称职的妈妈”这些角色来定义自我。因为我们日复一日从事这些角色时的能力及意愿，也随着时间大有不同。

从形体上来看，我们与他人及整个世界并不相联结。但我们能否将自己的肉身看成稳定而一致的自我呢？我们的肉身从生到死所经历的变化，还有随时进行的细胞代谢，都意味着肉身并不是永久不变的自我代表。

当一位冥想的新手想要专心在呼吸上时，可能会发现有十几个声音出现在心里而无法专心；各种想法朝着四处逃逸，让他昏头转向。他惊讶地发现“自我”这时并没有控制权，正如在睡眠时他或他的自我也同样无法控制或记住梦境一般。

我们可能在许多事物上感觉到自我，该选择哪些来代表自己呢？我们可能会用别人的看法来定义自己，那么当他们并不喜欢我们时，便会感到惊惶失措；有时候，我们会觉得在镜子当中看到的就是我们的自我：如果“看起来”不够有吸引力，就会觉得自己不起眼、没身价；也有可能，我们就是自己吃进去的东西的总和、写在日记当中的内容、昨天的所作所为。我们就是履历上所记载的那些内容吗？还是相簿里的那些照片呢？这些每个都不是我，同时又通通是我。我们想得越多，也越发现要定义自我实在是件复杂的事。

流动的“自我”

也就是说，我们想为自我找个滴水不漏的定义，却发现不能。事实上，我们就像个集合体，由许多无法合理拼凑在一块的枝枝节节集合而成，这些枝节互相抵触且始终在改变。我们无法找到自我，因此要寻求稳定感也就无法依赖自我。自我并不稳定，是互动过程的集合，始终在转变；是一组动词，而不是名词或形容词。

这里所说的似乎是：我们并非自己以为的那个人；我们并不知道自己到底是什么样的人。总之，我们并非以自认的方式存在于这世上。

> 我所以为存在的却是虚构！我有名字、个人的过往、记忆、想法、情绪、梦想；但看着这些，又显得相当虚幻不实。

尽管缺少足以得到“自我的确存在”结论的事实，我们行事的方式总要保护脆弱的自我形象，总以“我”及“我的”角度来看待世界。为了要能有个“自我”，让大家都很惨，该放手了。但这完全像是习惯和反射动作，所以难以放掉。

关于“无我”的好消息

有些人可能会被“无我”的概念所吓倒，认为这个概念会让为了成为“今天的我”所做出的努力逐渐消蚀。我们对于拥有自我觉得熟悉，习惯于这样来思考事情，因此若要放弃这个概念，需要彻底改变我们的心。

有些人则可能因这项教导而感到松了一口气：终于可以不用为了给自己定位、为了保护虚假的自我形象而辛苦努力了。但又有谁需要珍惜自我形象呢？如今我们可以辨认出来所有具有限制性的自我定义，并且把它们都丢掉，譬如说，“我讨厌宴会，我得说别人预期我会说的话”，“我避免冒险”，“我一定得去拜访亲戚”，“我绝不能浪费钱”。以往我们所采用的所有规则，曾经限制了我们的行为，如今与我们却毫无瓜葛。当我们了解到，对于自己的误解背后还拥有真正的自性[①]，也就走出了牢笼。

对于“没有自我”的概念，刚开始可能会觉得困惑：如果我们没有自我来约束行为，还有必要为什么事情负责任吗？但当我们卸去了对于自我的妄念之后，也就揭露了我们真正的自性。这让我们可以问“这个时刻所需要的是什么”这样的问题，而不是“‘我’该如何来处理这种时刻”；也让我们能以没有偏见、充满活力的心来看待每一个当下。而这正是身为妈妈的我们在最佳状态时会做的事，就如苏珊·莫菲所说的：

> 亲职会让我们对于自以为知道的所有事情开始质疑，首先便是我们所认为的自己（我们根本不是那样）。孩子有一项能力，他们可以天才地把我们所扮演的角色拆穿，不断要求我们在当下与他们相遇，要我们在生活里周旋、处理困难的事，要我们每时每刻都面对，以解决“另一人”的伟大神秘。要做到这点，我们必须一再地脱下成人所珍视的面具，以回想或再次进入那神秘、有创造力的无名核心，也正是我们在冥想里一再经历的源头。

我们以为自己是独立的，或者说跟别人以及所有“外在于我的”东西都是分离而无关的，这样的错觉也是来自于虚假的自我概念。我们执着于自我，跟周遭的人切断了联结的关系，也忽略了我们都是一体而且

① 佛教用语，个性，本性。——编者注

互相联结、互依互存的实相。而很重要的是，对于个别的自我这项错误的认知，也在培养“爱心”时造成阻碍。当我们只注意到自己以及属于自己的东西时，无法看到别人的需求；我们会容易把别人当成自己的成绩单，来了解自己有多么受到喜爱、多有权力，或是有多少人爱我们；我们根据别人为我们做了什么，或是他们给我们的感觉选择对待他人的方式。但是跟我们所预期的刚好相反，以自我为中心的做法并不会让我们快乐。

对于自我的偏执可能会让我们无法真正倾听别人的话。当我们只注意自己、所想的只有自己、寻求自尊的时候，也错过了许多跟别人好好谈话、帮助别人的机会。我们可能因此没有注意到许多帮助别人的机会，即使帮助别人可能并不需要太多力气。当我们的朋友需要一些时间给自己时，帮助她照顾一下孩子几乎是一件并不麻烦的事，但如果我们只想到自己，便不会想要帮忙；安慰受苦的亲戚也不需要花费力气，但如果所想的只有自己，我们会把话题转移到自身的经验上。

如今的问题是，我们已经很习惯带着这个“自我”到处走，把它丢掉需要时间，还需要许多的努力。而就算在智性上对于“无我”的概念已经相当了解，但在生活中进行实践则是另一回事。从表面上我们可能了解自我感在背后偷偷地伤害我们，但我们一定要得到深度的洞察，才能够体会到这项教导火力全开时的威力。

魔镜、魔镜，别这么对我

对于女性来说，要谈到自我形象便不能不谈在镜中所看到的那个回望我们的身影。我们所身处的肤浅消费文化倾尽全力告诉我们，我们是什么样的人，我们的自我、价值都在外表上。高中校园的文化更在多数人身上强化了这点，即使到现在，我还是很少遇到已经学会接受自己外表的女性，至于年岁增长的事就更不用提了。没有什么事比养育小孩更让人老得快的；就算怀孕或在家喂婴儿的时候体重都没有增加，至少也有皱纹加深的情形，这见证了妈妈们的睡眠缺乏。

我的友人蕾秋偶尔会用电子邮件寄来她的文章，她对自己体能变差的状况很苦恼：

> 我年纪变大了。虽然衰老并不是一夜之间急剧地降临，但三十五岁的我看起来并不年轻了，对于未来的衰老过程，我必须找个法子来适应。我生养过小孩，也因为小孩而度过无眠的夜，如今这些全都在我的脸上、身上留下了痕迹。
>
> 真正让我困扰的，是我为自己外表的变化忧虑得太多了。带着一个还在学步的孩子跟一个婴儿，他们让我无法为了充实我的心而稍离片刻，但我还是找得到时间对着镜子皱眉。而当你不是怒目瞪着镜子时，就会盯着孩子完美的脸蛋，艳羡他们光洁的皮肤及柔软的发丝。
>
> 曾经，我的心思充满许多十分可贵的想法；如今，我却发现自己想的是放大的毛孔、稀薄的毛发、鱼尾纹，更别提我那完全走样的下腹。昨晚我丈夫说我需要一些支撑了，而他的意思显然并不是在说我的心理状态。
>
> 我有个可以上伸展台走秀的漂亮妹妹，这真是我的不幸。她最近结婚了，而她的婚礼根本是一次歌颂女性美的庆典。在成百上千

的婚礼相片当中，我这个伴娘看起来就像是个有痴呆症的表姐，翻阅之后我知道我对自己外表曾有的忧虑并非没有缘由。我慌了，开始咨询美容手术医生，从而被建议要进行十三项手术；我甚至还真的去动了其中一项手术。虽然没有人注意到，我自己倒是发现有所改善。

正如生命中其他问题，老化让我们有机会得到更深刻的智慧。

面对老化

正如蕾秋表现出来的，我们会抗拒发生在自己肉身上的改变，尽管不可避免。想保持强健或买眼霜来擦并没有错，甚至接受美容手术也不能算错。在我们对年轻貌美的想法变得执着时、在我们紧追着这些想法而以为这样会让自己更快乐一点时，问题便已出现；根据第二圣谛，造成我们受苦的就是执着本身。我们甚至可能已看出执着让自己受苦，却还不愿放下。我们或许看到执着破坏了自己与别人的关系，就像蕾秋也知道她自己对妹妹的嫉妒。

显然，我们有许多的执着与欲念都是基于“以为拥有自我”这个错觉而来；蕾秋渴求自己能年轻貌美以满足自尊，尽管对于自尊无止境的追求几乎无法为她带来快乐。她错认为如果自己能“改造”下腹就可以得到些平静，但她心里一定知道这不大可能发生。平整的腹部让她可以安心些，也就不再有这个欲望，但这个感觉终会消退，然后她可能会转移焦点而注意到自己的双下巴或臃肿的大腿。

如果把我们对老化所产生的焦虑加以审视，会发现一项关于所有不快乐及痛苦的真理：受苦本身让我们难过的程度，并不一定比抗拒受苦而难过的程度更甚。

腰部突出的肥肉及额头的皱纹并不会真的伤害到我们，在某些文化当中甚至还能为我们赢得地位及尊敬。正因我们对老化刻意闪躲才让自己变得可怜。正是我们告诉自己：如果能除掉鱼尾纹，就会感觉好得多；正是我们过于强烈地在乎别人的看法，深信他们会详细审视我们衰老的样子，才如此难过。

我们替自己做出了选择，让老化造成不同程度的痛苦。我们是要抗拒这无法避免的过程，焦急、伤悲、变得消沉？或者，愿意尽力让自己拥有可能情况下最佳的样子，让日子得以继续？受苦无法避免，痛苦却是选择性的。

这并不是说我们要否认或压抑对于老化的真正感觉。如果老化造成了痛苦，我们便必须对这些感觉加以探究，找到源头；我们对这个主题有哪些重大的信念，而这些信念合理吗？关键真的是我们的外貌，还是有更深层需要处理的事，例如：寂寞、想控制那些无法控制的需求，或只是一种比不上别人的痛苦感觉？对于终究不可控制的过程，如老化，我们唯一可做的就是接受它。

面对死亡

抗拒老化就好像在抗拒死亡一般。尽管这样说听起来有点病态，但是这两者终究会捉到我们，那么又何必活在否认当中呢？带着“老化及死亡必然降临”的觉知来过日子是相当重要的事情，这是让你热切接受无常的一种方式。有些女性经历过当妈妈的角色以后，会突然痛苦地意识到自己也终有一死。就像我的朋友乔安所谈到的：

> 生产的痛苦经验让我第一次面对有一天我将会死去这件事，因为无法忍受自己的孩子没有妈妈这样的想法，我感到十分害怕。我重新感到必须好好地照顾自己。但是我对于“终有一死”的觉知被新生儿的脆弱所强化。被幸福包围的感觉反而加深了我的恐惧。我很清楚这个宝贝有一天也要死去，我所生出的这个生命年岁仍是有限的。我虽明白了这些道理，却也因此受到颇沉重的打击。

在我们的文化里，沉溺在病态的想法中会被视为很奇怪：死亡让我们觉得不舒服,所以要避免去想。但死亡却是生命当中唯一可以确定的事，因此值得我们更加注意。如果我们容许自己想想失去了一条腿会是什么样子，那会让我们对于自己有两条腿能够珍惜；如果我们强迫自己多想想有关生病的事，也会让我们珍惜自身的健康；同样，如果我们经常考虑自己必定会死的事实，会学到珍惜生命。心中有死亡，我们可能会更加深思、善用自己的生命。

我们当中多数人都曾听说过，有人在经历濒死体验后，了解到自己的生命有多么宝贵，而彻头彻尾地改变。他们不再把生命视为当然之事，而决然地让时间的运用更为丰富；他们知道哪些东西重要，哪些只是梦幻泡影。

为了提醒自己死亡必然会来，有些人醒来后最先想的是：“嘿！我昨晚没死。”有些则念一段祷文：“生、老、病、死。”其他的人则会对自身肉体的退化或死亡本身加以冥想。他们会想象自己的肉体被埋在地下，皮肤慢慢腐败，骨头渐渐消蚀。这些冥想都让我们可以更容易记得自身的无常。我不确定女性杂志是否会将这样的想法纳入讨论，不过，对于死亡踏实地接纳，可以帮助我们处理不可避免的老化所带来的冲击。

洞察力

当我还是个十几岁的青少年时，有着一头卷发及一脸红红的青春痘，妈妈在保证过我真的漂亮之后指出，如果注意看看火车站里、银行里，还有街上的人，你会发现只有一小部分是广告里头所谓的“漂亮人”；我通过自己的研究也发现，她说的没错。但是这些看起来“平淡无奇”的人很可能也有爱他的家人，有些人的事业很有趣，有些人的爱好让他们如鱼得水。如果蕾秋被追问的话，她大概会同意，长相平常的人也能通过努力而得到想要的，而青春美丽并不能带来永久的平安快乐。她或许还会想起那些世界各地的漂亮名人，以及他们心理上高比率的绝望及自我毁灭的行为。她或许也会承认美丽会带来一些问题，譬如嫉妒；还有，别人爱你并不是因为你这个人，而是因为你的长相。

当我们的想法及行动和所知道的真理无法协调时，洞察力，也就是看到“实相”的能力，可以帮助我们看清楚。虽然我们可以单纯地用智力来理解一项真理，譬如“美丽不能带来快乐”，我们的举止却透露了，事实上我们根本不了解真理的内涵。我们要更注意自己的想法，才有办法发现所知道的真理与生活方式之间的不合之处。同样重要的是，对于我们所抓住不放的信念与假设，也需加以注意，因为这些东西通常就是我们问题的原因。

举例来说，经过思索之后，蕾秋可能发现自己有这些假设："美丽可以让我安心"，"我如果付的钱够多，可以不再老化"，"如果好好遵守美体规划，我可以永葆年轻"。她也可能看出自己对生活有一些期待："要让自己有价值必须外表光鲜"，"我丈夫当然要觉得我有吸引力，而且还会这么告诉我"，"昂贵的美容疗程当然管用"。

我们来看看节食。节食是一个绝佳的例子，呈现出我们在忽略潜藏的问题上程度有多深。虽然我们知道节食不管用，也知道节食所减去的只是自信心，但我们如此着迷于魔鬼般的身材，以至于对这背后一些重要问题的答案根本毫无概念：

- 到底为何感到自卑？
- 负面感觉会只因瘦身成功就彻底解决了吗？以身材作为自我接纳的基础，合理吗？
- 哪些想法让我暴饮暴食？
- 身体感觉不舒服的原因是什么？吃东西可以解决这个问题吗？

若是蕾秋能对自己没说出来的假设与期待加以探索，或许会发现是这些东西造成她的不满足，而非她的外表。

以我们健忘而不可靠的"思考"方式得到洞见并不总是可行；正是思考本身让我们落入如今的心灵困境，因此要以思考来找出路子或许并不是最好的选择。得到洞见的最有效途径是利用冥想时的清明心境，因为在冥想时，你可以超越理性思考的心境而看到你想法的本质。当我们可以清楚看穿自己的妄念时，便可毫不费力地把错误观念及坏习惯丢掉；如果没有这样的情形，或我们的妄念再次出现，则只是表示我们还没看清楚自己错误观念之所在。

要在想法出现时便加以注意十分困难，对于初学者更是如此。尝试过冥想的人都知道，我们的心就像猴子一般，跳上跳下的，似乎有自己混乱的生命，完全不受我们控制。要延长我们注意的时间，需要遵守戒律以及长时间耐心的冥想。等我们练习冥想的时间久了，我们的心就会较为清明、听话了，才能获得一些足以转变我们的经验，也因而转变我们对于生命的洞见。

妈妈的禅定时刻

Buddhism for mothers

- 深度而长久的快乐只会来自你的内在，别再依赖外在世界以获得快乐。
- 别等以后再享受快乐，请享受当下的时光。
- 找时间让自己不做任何事，只是体会当下。
- 像奴隶般来照顾自我形象让它保持正面，并不能带来快乐。
- 别被自我形象给锁住。你对自我的感知其实是你无中生有的。
- 对年轻美丽的执着会带来痛苦，因为老化及死亡是不可避免的事。要下功夫让自己能放开执着、接受事实。
- 要了解老化本身并不会造成伤害，只有抗拒才会带来伤害。
- 花时间想想生命中唯一确定的事：死亡，这会让你更有意识地过日子。

09

冥想：完全投入当下

佛教当中有许多不同的冥想方式，你可以选择对你的特定状况及个性最有帮助的方式。

忙碌于回应各种需求的妈妈们，为什么要找出时间冥想呢？如果要这么做，该有些不得不做的理由才成。确实有的。我们在第 2 章曾经探讨冥想时练习的专注力，并了解到因此会有更多“精力”来完成日常工作，能更“平静地”处理负面情绪，还可能出现帮助我们在自我身心上学习与成长的“洞见”；专注力让当父母的我们得以投入当下，更清楚地看出自己的处境；我们也了解到，如果自己更能专注于当下（就像冥想时所练习的那样），我们的日子会过得更充实、更有乐趣。

我们以心来创造世界。我们的心若是健康的、正面的、仁慈的，便会体验到更多快乐，也让孩子更加受益。而要转变心，冥想是最佳的方式。你在冥想时会对于积极的心理状态更为熟悉，当你沉浸其中，会品尝到清明、平静、仁慈的滋味。

冥想对人体健康的积极效果，在许多医学发现当中都有记载。哈佛医学院教授赫伯特·本森博士（Herbert Benson）对于冥想的影响做了近30年的研究，发现冥想者寻求医疗专业人士帮助的次数比其他人要少三分之一。他表示，当我们的身体处于深度平静的状态时，会进行自我修护；压力则会干扰身体的平衡，降低我们对疾病的抵抗力；深度放松则让身体回复平衡，因而有助于身体的恢复。

其他医学研究者也表明，我们在冥想时身处的平静状态，使得累积了一天的紧张得以缓解，血压降低的程度更可多达一半，同时也改善了心脏的功能。冥想也被证实可以帮助睡眠，改善整体的情绪状态。美国健康计划协会所做的一项调查发现，有五分之四的医生认为，从医患双方的角度考虑，应该在医生的训练中纳入冥想。如果冥想是颗药丸的话，我们会愿意为它花上大笔钞票。

妈妈们进行冥想对家庭生活的好处也很明显。我曾问过一些妈妈，她们为什么要冥想，回答是：“让我比较平静”，“不再生气”，“让我对困扰自己的事物看得更清楚”，“感觉比较快乐”。就像这位妈妈所说：

> 我冥想是为了管理自己的愤怒、焦虑，还有一般的负面情况。但是冥想不仅让我可以处理负面情绪，还可以接触到积极的情绪；欢喜、快乐的情绪也让我可以崭新的方式来看待自己的生活。

还有一位妈妈对于冥想的好处提出了一些有趣的观点：

> 如果我们有太多任务导向的活动，会无法完全投入当下，也无法看到并且回应周遭的美及苦。我从冥想当中找到了心的宽广，这让我可以更深刻地感受到自己跟世界的关系，并且与自己更亲密以

及更有自信；看事情的角度更宽广，与人互动的方式不再诉诸权力，而是爱。我也找到一些方法来与孩子们分享这种宽广的感觉，有时借着领略自然之美及爱护动物等方式来感受。

我从冥想及更清明的觉知当中知道，生命涵盖的范围远远超过我自身的紧迫需求与所处的环境。对于生命彼此的关联性也有了较以往更为深刻的直觉。重要的是，我开始了解到自身行动所造成的结果，而这让我的道德感得以更加细密精进。

冥想有这么多好处，或许会是对我们生活具有重大意义的一项发现。当然，正如学习任何新技术一样，刚开始我们总要有些挣扎，总会有些怀疑，也会被其他原本可以做的活动所吸引。但是冥想对改善生活每个层面（情绪、体能、精神、心理）所具有的潜力，会让我们很快就选择投入其中。

佛教当中有许多不同的冥想方式，你可以选择对你的特定状况及个性最有帮助的方式。在本章中，我们要探讨的是两种最常见的冥想方式：专注于呼吸法和冥想慈爱法。

要紧的事先做

通常，我们会建议特别腾出个地方来冥想。你如果能让冥想的空间更有气氛，会使你的练习更具吸引力，但这并非必要条件。

冥想的时候两脚交叉坐在地板上是传统的方式，但如果坐在有直立靠背的椅子上也可以。重点是要保持上身挺直的姿势，驼背或是斜靠的姿势会让你身体酸痛，感到想睡觉。如果时间不够做正式的冥想，你或许会想早上一醒来就在床上冥想；但这不是很好的代替方式，因为你会难以集中注意力。不过，在某些日子里，早上起床的时刻恐怕是你唯一可以找到的时间，而尝试冥想总比躺着害怕面对这一天更好些。就像一天当中的任何时间一样，这也是练习专注力的机会。不管你身在何处，试着让你的双眼微微睁开来冥想，这样可以让一点光进来，不容易睡着。

如果可能的话，你应该在早上起来的时候进行冥想，因为这个时候你的心里没有杂念。不过，最好的冥想时刻还是自己来决定。有的人觉得早晨时头脑昏沉，上床前冥想可以一夜好眠；也有人觉得在晚上冥想会让他们太清醒而无法入眠。要让自己的心适合冥想，可以做些让心平静的活动：瑜伽、阅读、熨烫衣服、叠衣服，或是任何可以帮助你放慢步调以便专心的事情都可以。

很多人都会学的第一个方法，通常被称为“专注于呼吸法”。在练习时，我们需静静坐着，放松，闭上眼睛，然后注意呼吸的起伏。不必去“想”到呼吸或是以任何方式控制呼吸，也不必很费力气地专心。你需要做的只是放松自己、注意自己的呼吸，最后让自己能够跟呼吸的起落融为一体。当我们的注意力游移开来的时候，要有耐性地把注意力带回呼吸上。

冥想的生手常会发现自己无法专心，因此冥想的方法本身通常会提供一些辅助性的技巧。有许多冥想者发现，以轻松、缓慢的步调进入第一阶段有助于将注意力带到呼吸上。我的冥想老师先把重心放在放松上，让全班可以慢慢地进入练习。她以缓慢的步调进行引导：

闭上眼睛，倾听所有的声音……把你的注意力放在这个房间，还有房间里的人上……现在，想想你的身体：身体的外形、身体跟地板接触的点……渐渐将注意力放在身体上，如果发现任何紧张，请把它释放掉，首先从头皮开始……然后是你的脸部肌肉，让自己的脸柔软下来，就好像融化的奶油……

等到全身上下都照顾到了，我们就开始注意每个呼吸的起落。

数算呼吸次数也可以帮助你抓住注意力，而这一过程可以分为四个阶段。在某些日子里，你可能觉得自己注意力集中，而且头脑很清楚，或许就不必用这四个阶段来让自己专心在呼吸上，但如果你发现自己的心思太容易游移了，随时可以回头采用这个四阶段法。对于初学者来说，每个阶段大约都是五分钟，这是一般的建议，但不要太挂念于时间的长短。初练的人如果觉得困难，或许可以在开始的时候只进行几分钟，然后在以后的冥想中逐渐增加时间的长度。

专注于呼吸冥想法

当我们开始练习把注意力放在呼吸上时，首先要在呼气时数算呼吸次数。反复地从一数到十。计数的过程帮助我们掌握注意力，但专心的对象是呼吸，不是数字。

在第二阶段，我们持续计数呼吸，是在吸气时数，不是呼气时。与第一阶段的不同处很小，不过这个改变可以让专心的程度得到微妙的加深。

在第三阶段，我们不再使用计数的方式，而开始专心于整个呼吸的过程及呼吸带来的所有感受，我们或许会发现自己在呼吸之间有段平静的时间，腹部也会起伏，呼吸还会有声音等。

在第四阶段，我们进一步改进练习，将注意力固定放在呼吸的一个方面；试着体验呼吸的气息进出身体的那个点上的感觉，也就是鼻孔或鼻子的前端。举例来说，我们可能会注意到吸进的气要比呼出的气凉一些。

在结束第四阶段前，我们将觉知再次转回整个呼吸过程上，然后再转到身体的感受上。慢慢地为冥想画上休止符，然后张开眼睛。我们也可以专注地坐着，享受一下这平静的感觉。这时候，可以留意周遭的一切，看会发生什么事；留意当下。

当冥想结束，我们如往常一般照应日常的各种需要时，要努力保持在冥想中所达到的专注与平静，尽可能持久。要下决心努力让自己的心整天都保持在当下，密切注意眼前及内在所发生的事。在冥想时，当我们发现自己因过往或未来的想法而分神时，就把心带回当下，要有耐性、坚持、温和。

正当的精进

当我第一次学习这个四阶段冥想法时，老师曾经警告，我们可能会在数算呼吸时缺乏专注，譬如说会一直数到 17 时才意识到。我那时还想："怎么会数到 17 还不知道呢？"就在第二个礼拜，我发现自己数到 45 去了，应该是想睡觉了吧。

事情的真实情形是，你的心会游移开来。这很正常，无须感到挫折或怪罪自己。这里有三个关键的字眼：**耐性、坚持、温和**。如果你发现自己变得紧张，或用力皱眉让自己专心，这就表示努力过头了。我们的目标是要注意呼吸，但不要在心理上挣扎。我们要在冥想当中以正当的方式精进；这表示要在高度集中与昏昏欲睡之间、在用尽力气与舒服慵懒之间找到中庸之道。

冥想所得的洞见

四阶段冥想法处理我们分心的方式，是将注意力带回呼吸上。但如果我们能让自己分心的过程从头到尾走完而专注地观察这个过程，这样的冥想还可带来更大的帮助。我们可以将这项专注观察自己的念头而不会被困在其中的能力当成长期的追求目标，也就是等自己专心的程度有所进步之后。当然，这项观察自身念头的能力可以帮助我们获得足以改变生命的洞见，还能免除自毁前程的念头及行为方式。

不论是以观察或抗拒的方式来处理分心的状况，我们在冥想时都不特意寻求洞见，只是努力让心能清明，使洞见得以显现。一位妈妈这样比喻冥想带来洞见的过程：

> 注意你的呼吸，让这份注意慢慢变成洁白的背景。如果一粒沙子放在洁白的背景上，确实要比放在布满尘埃的背景上更容易被看到。

多多练习专注的能力，这粒沙子的所有性质就会变得更加清楚明白。而当我们能够看清楚内心深处的一些真正倾向时，它们就无力再主宰我们了。洞见让我们了解生活遭遇的实际情况，让我们能觉察到自己习惯性的反应及行为方式，而加以改变。

“对事物真正本质的洞见”所指的是能看到易逝、不满足、无我这些本质；清楚看到没有值得获取的、没有值得让自己身处的，看到没有该当成自我或自我的一部分而需要获取或抓牢的；也没有需视为好或坏、喜欢或讨厌的。

内 观

这种冥想法比四阶段法要更容易得到洞见，但在维持专心上要难一些。如同四阶段冥想法，一开始先把注意力集中在呼吸上；然后在每次吸气时心里默念“起”，呼气时默念“落”。如果出现感觉或想法，不要抗拒，而是为它们慢慢默念，“感觉，感觉，感觉”或“想到，想到，想到”。让这些想法及感觉可以自行出现、成形，然后消逝。然后回头为呼吸默念“起”、“落”。

当察觉到注意力已经从呼吸上离开了，心里要提醒自己：如果我们感到疼痛，要默念：“疼痛，疼痛，疼痛”，一直念到疼痛消退为止；如果我们想到曾有过的争执，那么在回到呼吸之前，要替回想做记号：“回想，回想，回想”；如果听到让人分神的声音，要默念：“听到，听到，听到”；而如果突然想到该拿什么当晚餐，则念：“计划，计划，计划”。

我们还可以为一些别的心理感受做记号：憎恨、轻松、抗拒、微笑、希望、祈求，不论什么感受都可以。如果发现自己会为选择字眼伤脑筋，最好用基本的大类别，像是“想到”及“感觉”。

当我们有痛、痒或任何不舒服的感觉时，要注意这感觉，也注意我们对此感觉的反应，直到感觉消失为止。如果感觉并没有很快就消失，我们可以抓痒或调整姿势，但要试着不要未经思考就对每个官能感觉做出反应。冥想时，不舒服变成有正面意义的事，因为我们很难忽略它，还让我们必须觉察到当下。不舒服也让我们有机会练习与痛苦及不快同在，让我们面对，而非逃开。

由于心思难以集中而感到挫折的冥想者，会觉得内观法非常适用，因为不管发生什么事都是冥想很自然的部分，这使那些让人分心的念头、声音、感觉不致让人灰心。当我们发展出标记心理状况的能力，就更能掌握住这些心理状况，也不再会随着这些情绪起舞或太投入。我们渐渐学会不随意将遭遇到的事物评断为好或坏，而这项能力可帮我们培养出耐心，来面对人生的各种环境。

冥想中的阻碍

冥想的体验可以相当舒服、放松、神奇、喜乐，但有时又恰好相反。让自己有规律地练习冥想，这个过程有可能并非一帆风顺。新手会因心思老是游移不定而感到挫折，也会对于冥想是否有价值感到怀疑，还可能“心情不对”。他们在尝试以四阶段法专注于呼吸时，可能会发现自己有类似下面的心思：

一、二……我的脚痒……该不该抓痒？不知道脚丫子上次受的伤完全复原了没？不能再想了！……三、四、五……哇！完蛋了，我没寄信，怎么办？糟糕……六、七，不知道我做得对不对……别再想了，这样不行的……

做练习可以改善专注力，分心会少一点，生手也会更有自信。他们很快就会发现，专注力的进步让生活变得更丰富，这让他们在比较困难的日子里也能坚持下去。如果能持续投入，终究会到达某个程度，这时冥想感觉像洗澡或刷牙一样自然，而如果哪天错过了就会很渴望。

人们在冥想中会遇到困难，因此佛法对五种我们迟早会遇上的阻碍或障碍提出警告。

一、让人分神的念头。
二、恶感，例如愤怒及其他负面情绪。
三、昏昏欲睡。
四、亢奋不安。
五、怀疑。

我刚开始练习冥想时，似乎很容易会有做白日梦的心思，无法平静，坐在那里感觉只是浪费时间。等到实实在在地练习了两个月之后，才开始感到有所进步，在想法与想法之间出现一些空白，也才知道可到达一种让自己充电的平静境地。

在冥想中培养爱心

有爱心的人可以体会到所有众生都是宝贵的。宝贵存在心中，不在东西里，记住这点会有帮助。想想两样东西，钻石与一杯水，哪样更宝贵呢？对于在沙漠中迷路的人来说，一杯水在他心中要宝贵些；而在珠宝商的心中，钻石就要宝贵些。“宝贵”与否是主观的，是心的特性，不是东西的特性。要能爱人，就要有颗爱人的心，而非要求别人行为举止可爱。对别人的爱并非取决于他们个人的特质、行为或与我们的关系，而是源自我们的爱心。

我们甚至也能爱“难以取悦”的人。而对于这点，我们仍可心怀感激：如果我们的生命中只有可爱的人，会让自己缺少变得更睿智的机会。并非只有难以取悦的人我们才能以此理由来爱，对于每个遇见的人都可以心怀感激，因为他们都可能让我们更睿智，让我们有机会训练自己更有爱心。

冥想慈爱可以帮助我们培养爱心，心里希望自己和别人都好。将慈爱传播出去可以转化自己的心，让自己可以爱众生。这样做也可能让别人因而得到很实际的好处，因为他们的生命中有了一位关心他们、要他们好的人。

一开始我们先培养对自己的慈爱情感，然后以同样的做法来培养对一位心爱之人的慈爱，接下来可以是某位我们并不十分了解的人，然后是某位我们并不特别欣赏的人。最后则将慈爱送给所有众生，由最接近自己的地方开始，逐渐扩大，一直到全世界。当你专心在每个人身上时，要提醒自己：他们就像你一样，也想快乐以及脱离痛苦，我们都因为这个共同的热望而联结。

我们在专注冥想时要观察是否出现念头，并且将注意力回归到呼吸上，而在冥想慈爱中则要积极而有创意地思考。例如，对于难以取悦的人，可能要先想想他们生命当中的苦难与不足之处，才会有慈悲的感受；也可能要想想他们的奋斗与挫折，才能够接受这个人也很宝贵的想法。

冥想慈爱法

首先，闭上眼睛，放轻松，准备练习专注力。可以先专注于呼吸来放慢思考的速度、让心平静下来。

1. **第一阶段，着力培养对自己的慈爱**。若你能对自己仁慈，爱别人便会显得简单。你可以先想想内在的良善，譬如，专心想想自己在最近做过的善行，还可以不断念诵类似下面这些话：

愿我安好。

愿我离苦。

愿我远离贪念、恨意、妄想。

愿我爱人。

愿我安全。

愿我快乐。

愿我更睿智、慈悲。

2. **专心于爱自己一段时间后，进行第二阶段，将慈爱送给你所爱的某人。**观想孩子、家人、密友，希望他们快乐。

愿他们体验到爱。

愿他们感受到喜悦。

3. **接下来是第三阶段，把注意力放在一位中性的对象身上。**你对这人并无正面也无负面的感觉。附近商店的店员、公众人物、公司中的某个人都可以。你与这个人不必说过话，但你给他们慈爱的关照，这也许有些是来自上一阶段对所爱之人的美好感情。将慈爱传送给中性的对象让你可以练习，不管别人实际能为你做什么而仍旧爱他们。

4. **到了第四阶段，选个难以相处的人，某个通常会被称为"敌人"的人。**你可以选一个自己以前不曾那么友善对待的人。如何对这些人怀有慈悲呢？你可以想想他们的正面特质。想象他们在妈妈眼中也曾是被深爱的宝贝，想象他们所受的苦、焦虑、失望。要认知到：造成你困扰的行为可能来自他们的苦或痛。从身为妈妈的你在孩子生气或自私的行为时的反应（你对他们的爱并不减少）当中，你可以得到一些启发。不过，一般来说，老师们建议我们先跳过让人真正难受的人（他们可能深度伤害过你），等你对于这项冥想比较有经验时再以他们为对象。冥想到这里时，要让心思不会飘移，可能变得比较难以做到，但当你发现自己分心了，请有耐性地把注意力带回原来正在做的事上。

5. **最后，着力将慈爱送给世上所有众生。**由最接近你的人开始，或由你已认识的人开始，渐次扩展，包含你国家里的每个人、世界上的每个人以及所有众生；并培养这份强烈而真诚的愿望：所有众生都能离苦得乐。

当自己不再把心思放在自私的追求上，同时能克服疏离感的时候，会开始以仁慈心为别人考虑。当然，可能要花上许多年，我们才有办法转化自己的心，让自己能真正爱人，特别是当我们还要处理较困难的人际关系时。但即使是练习冥想慈爱的初学者，也会在不久之后便开始感到自己更能爱人了。有助于人的点子会像气泡般在冥想时从脑海里冒出来；或许我们会想到要打电话或写卡片给某人，因为他正在喜乐或受苦之中。有许多冥想者喜欢在结束冥想时想出一件善行，并在接下来的数小时中实践。

鞠 躬

有些冥想者发现，在练习冥想慈爱时，想象自己在送出慈爱的对象前向这些对象鞠躬，是有用的。对许多人来说，想到鞠躬刚开始会感到不安，但我们的反应取决于自己与鞠躬相关的感觉或记忆。我们并非卑微的街头脏小孩向着帝王、可怕的神明或某个神奇的能量敬礼。

鞠躬只是一种表达敬意及谢意的方式。鞠躬是对于个人的尊严、价值的礼赞。鞠躬让人感到谦卑，但却是最积极的谦卑，因为这可让我们转变批判与自感优越的倾向，而因之出现的慈悲感受并非出于可怜别人，而是对一个宝贵生命的深深敬意。我们也可以把鞠躬当成表示感谢的方式，为了这个人所教给我们的一切，不论这个人是深受喜爱的或是莽撞粗鲁的。我们带着感激鞠躬，为了他让我们更睿智，也为了他给我们练习爱人的机会。我会想象自己把手放在别人头顶上方，送给他们慈爱关怀。

练习冥想慈爱的时机

冥想慈爱的目的之一是要培养我们爱众生（自己、亲爱的人、中性的人、难以取悦的人）的能力。因为很难，所以我们应该尽量多练习。冥想慈爱是个很容易就可以在日常生活中进行的练习，所以尽管较为理想的方式是找时间坐下来练习，但在彼此交流时，甚至在街上溜达时送出我们的爱,也是同样有价值的。我们可以对任何看到的人送出慈爱关怀，刚开始会感觉奇怪，但不用多久就会习以为常；这跟埋首于自身思绪的走路方式相比，当然要好上许多。当我们在心理状态上得到神奇效果后，也会发现自己会有比较积极的感觉及能量来应付日常的需要。

我发觉冥想慈爱在社交之前及进行之中特别有帮助，可以让我：

- 注意倾听而不会打断别人。
- 说话比较顾及别人的感受。
- 注意到可以帮助别人的地方。
- 避免自我放纵式的滔滔不绝，对于听者毫无益处。
- 玩得高兴，因为少了一份对自己过分的注意，也不会沉浸在自我思索的世界中。

让自己在一天工作开始前及工作当中，或任何与别人的互动开始前及进行期间送出慈爱，也同样有帮助。这会让我们对于别人所体验到的感受更为敏感，因而也可能让我们不论到哪里都成为有价值的人，从而受到重视。

在时间的缝隙中冥想

或许对于妈妈来说，为冥想腾出时间要比冥想期间所遇上的任何挑战都难以解决。但考虑到冥想的种种好处，是否可以放弃某事来进行冥想？跳过一些常看的电视节目，可能就有时间了；平均来说，每个人每天看电视长达两三个钟头。虽然妈妈们大概把这项平均值拉下来了，但即使你每天只看半个钟头，仍可代之以冥想，而从中获益良多。降低自己对于家务的标准，早点起床，让家人有常规性的外出活动，这些都让你可以有时间来冥想。

冥想不仅让我可以照应自己的需要，也能对别人有更好的反应，我因此对于所从事的一切都有了更正面、更有创意的态度，对于自身生命的意义有了更宽广的认识，对于我的真正本质也有了更多的了解，这些让我深深感到喜悦、满足、平静，也让周遭的人都因此而受益。

练习的目标是让冥想中所培养出来的觉知能出现在我们的整个生活里。这种觉知让身为母亲的我看到自己与孩子互动的方式，以及我的行动所带来的影响。所以，我可以不再重复习惯性的错误，而在觉知当中产生积极的改变、放弃过去当父母所采用的固定不变的方式。

身为父母对于我们的生命可以带来很重要的影响，让它更加丰富，但我们生命的宽度并非只是如此。如果我将所有的注意力都放在满足孩子的需求上，等于放弃了成为真实的人的机会。当我热切地接受了冥想所带来的广阔视野时，我便更有创意、更自由，对于自己周遭整体的生活更能做出反应，对于孩子及带来欢乐的事物不会抓紧不放或过于执着。

如果我对于爱孩子、跟孩子互动所得的欢乐太过执着，欢乐反而会减少。所以我总是尝试，要找到多种比较健康的欢乐源头，且同时避免对这些欢乐紧抓不放。

要教出有责任感、体贴的孩子，就要教导他们对于别人的（包括父母的）需求能觉察及尊重。虽说在孩子还小、自我中心倾向较重时，要做到这点确实比较难；但仍应让他们了解，我们也需要拥有一些属于自己的空间。

我强烈建议所有的妈妈都能在每天中找出些时间，即使只是一分钟，来想想比自己及当下生活还崇高的事物。

值得记住的是，在我们开发专注力的同时，或许反而会因此在一天当中得到更多的时间。就像我们所讨论过的，当我们有了比较容易专注而清明的心，使用时间的方式会更有效，也会拥有更多的精力。有许多冥想者说他们可以睡得更少些，因为他们在冥想中所达到的深度专心，让他们可以有较高的睡眠质量。

10

修行：转变心的朝向

如果我们只需要改变自己的心，又何必试图改变世界？

我的手里抱着婴儿，为了接电话，只好让自己搅拌沙拉的动作停下来。从灶台上锅碗瓢盆的轰轰声当中，我勉强听到了来电者的话：

> 我儿子奥利弗跟我抱怨，说他不要再看到扎克了，因为扎克一直让他受伤，所以他也不想参加扎克的聚会了。这就是为什么我们最近很少见面的原因。奥利弗只是不想接近扎克，因为他很怕再被扎克弄伤。我并没真的看到过扎克弄伤他，但这似乎也不像是奥利弗编出来的话，到现在为止他已经说过两三次了。我觉得还是让你知道这件事比较好。

奥利弗那时候是扎克全世界最喜欢的朋友。我回想起前一周奥利弗的四岁生日聚会，想到他好像没有理扎克，而只要扎克走近，他就走开。此时，我感到震惊而困惑，回答说："谢谢你让我知道这件事。你能告诉我实在不容易。你真的很有勇气，我也很高兴你采取行动。我不知道该说什么，我也没看到过扎克弄伤小伙伴。”

我对自己冷静、自制的回答感到满意，但在挂断电话后却开始方寸大乱，忙着向我丈夫宣布：“我们手边有个危机要处理！”

我的儿子难道背地里如这位四岁的告密者所说是个暴力虐待狂？我知道扎克如果挨打，一定会还手。我知道他喜欢跟人接触，有时会有些粗鲁，但我很少看到他会没被挑衅就攻击别人。我发现自己越来越生奥利弗的气：很显然，他跟扎克处于敌对情况了，他想让扎克难受。接着我又生起他妈妈的气：她怎能把四岁孩子的话当真？奥利弗自己也不是那么乖呀。何况，所有在奥利弗聚会中的男孩看起来都相当粗鲁，都在充气城堡上互相撞来撞去。但是，也有可能她跟她儿子的理由很充分。我觉得摸不着头绪了。

第二天，我打电话给扎克的幼儿园老师，她告诉我，扎克和他同年纪的任何男孩粗鲁的程度相同，虽然她看到过他发脾气打人，不过他仍然绝对是“比较温和的男生”。我们必须承认的是，扎克最近在家里确实变得脾气较差，不过我们将这情况归因于睾酮素的到来。我觉得最好把坏消息告诉扎克，他可能必须知道这件事，更何况他一直吵着要找奥利弗玩。扎克否认自己打过奥利弗，还说是奥利弗先打他的，都把他打哭了。我还是不知道实情是怎样的，不过很高兴这让人难过的消息似乎没有让扎克在心理上受到深度伤害。

在接到那通电话之后的24小时里，我都感到相当沮丧。坐着看晚间新闻的时候，我听到阿富汗难民在会漏水的船上及拘留中心待了两年之后回到家乡的报道，却为两个四岁孩子的口角而痛苦。我对于扎克的侵略性行为并不严重感到安慰，只要持续注意，问题也会消失。那么，我为何会反应过度呢？我为何会持续处于负面心理状态下，让自己不快乐呢？我终于了解自己的问题在于佛法的第二圣谛：欲念，在这里是反面：厌恶，这会带来痛苦。

我顽固地希望这世界不是它原本的样子。我希望自己的儿子像个和平主义者。我希望他最好的朋友能够友爱而忠诚。以前看着奥利弗与扎克在一起玩时，总让我心头温暖。但让我觉得受伤最重的是，现在的情况打击了我希望扎克永远不被人排斥的念头。我以专注力审视自己的想法，发现这件事把我过去的痛苦时光挖掘了出来，当时的我因为朋友突然不喜欢我而感到挫折、受伤害。我从不希望扎克有这样的体验，特别是当他还在稚嫩的四岁时，而这个事件让我必须面对这一内心的恐惧。好笑的是，当我还忙着生闷气时，扎克已再度投入生活之中，跟隔壁的孩子们一块扮演起袋鼠了。

若是在十年以前，我相信自己会在电话当中就变得很有防卫性，指责那位妈妈她儿子对待我儿子的方式。但我逐渐开始承认，只要我以愤怒回应一个状况时，就会造成伤害，对自己的伤害还会不少。现在的我学会了抵抗反射式反应（譬如否认、怪罪、自我防卫）的吸力，而能更深入了解事情的来龙去脉。难的是要能看清这些事件，而不去防守自己的立场。

这让我有余裕注意这出迷你剧的内在演变，而辨认出所有让我不快乐的想法、信念、情绪。这是个自我身心修行的机会，向我展示了自己所紧抓着的事物，我要放开，才能够有耐性地接受我所无法改变的事。

我也学会了不要骤下结论、固守看法。尽管我很想否认扎克有变得具有侵略性的可能性，却不宜如此做，我必须保持开放的心，接受所有可能，注意他的行为，度过这个阶段。我不宜花力气将奥利弗的家人妖魔化，而要说："我不知道"，并且对渐次揭露中的神秘俯首称臣。

有些人会觉得我想得太多了，这些人当然也对极了。我真正需要做的是跳出情境之外，到坐垫上冥想；于是在接下来的周末，我设法找出时间进行了40分钟未被打断的冥想。我总算在静默与宽广之中徜徉了一会儿。受到一些近来学得的教导的启发，我便下决心要自己快乐些，于是我慢慢重复这些话："我要转变我的心"，让自己不会屈服于负面的心理状态。在冥想之后，我不但感到平静、充满活力，而整件事情也突然变成只是模糊的记忆，让我奇怪自己为何会那么大惊小怪。如同我睿智的婆婆肩膀一耸之后所说的话："孩子打架，常有的事。"虽然我的伤口在我儿子要求去看朋友时还是会迸开来，但我觉得自己可以像个大人一样来处理这件事了。

慢下脚步，感知当下

我们在太忙时会没有时间感受当下、注意周遭或者冥想，也会没有余裕来想想自己的生活，或对于自己的人生方向会少了些分析。忙碌让我们表达爱的能力逐渐打折扣，因为忙碌会剥夺我们的时间，让我们无法倾听别人、注意别人的感受、帮别人的忙。

我们这些忙着在事业与孩子之间进行协调、求取平衡的人都知道，当我们因为工作负担而有压力时，花时间跟孩子相处会使我们感到极度厌烦；当还有重要事情要办时，在公园里待一会儿也会很难过；当你太过在意生产力的时候，便会难以采取孩子的步调，也难以处在当下、接受当下。

这世界的本质是无刻稍停而忙碌的，而我要说，这点是痛苦的根源。请让心安住在不朽的平静里，以得安详。自我只是由一些特质复合在一些，自我的世界就像世界一样空洞。

有时我们不得不忙碌，家庭生活似乎就是这样。但在生命中其他阶段时，我们必须问自己，是否是通过让自己淹没于活动中来回避重大的疑问？我们是否觉得要处理好未经规划的时间很困难，所以将自己的生活事先安排好来加以避免？若是如此，我们对忙碌上瘾之后要付出什么样的代价呢？对许多人来说，代价是与周遭的人不再有接触，逐渐脱离我们实际深深需要的家庭和团体；代价也可能是与自己失去联结、对于压力上了瘾，或是无法在生活当中找到乐趣。

如果想在心灵之路上有所精进，我们必须在生活中发挥创意、找出余裕来。在孩子还没到来之前，如果日子太难过，我们可能会让自己忙于工作、培养新爱好，或忘怀于频繁的社交活动之中，只要让我们不必与自己的想法独处就行。如今我们当父母了，如果还追逐这些让我们分心的耗时活动，便会有忽视孩子的危险性。我们必须找到可以跟自己、跟家人一起和谐生活的方式。

发挥创意，找出时间

想找出时间冥想、研读书籍、欣赏自然，或全心全意倾听他人说话，我们所要付出的是什么？减少坐在电视机前的时间？抗拒想打开收音机的冲动？少花点时间聊没用的天？将生活形态做些重大改变以获取更多的时间，这并非少见的事。把不满意的工作辞去、搬离花费高昂的生活环境、将累赘的房产卖掉、结束破坏性的关系、缩减社交活动、缩减开支，这些事都有人做过。

我们能将生活简化到什么程度呢？打扫一番？把东西送走？减少花在吸收“新闻”（我们又记得多少）上的时间？我们消遣的方式是让生活更紧凑了，还是帮助我们慢下来、培养内在的平静？我们可以吃较简单的食物，避开会造成负担的食物，也可以睡眠、运动都充分些。我们要照顾自己的健康，如此方能确保有充足的精力。

我们有责任保持身体健康，否则，会无法调整智慧之灯，也无法让我们的心保持坚强、清明。

我们若能经常问自己这个问题：“今天如果是我生命的最后一天，我会怎么过？”一定会有些帮助。换句话说，哪些是真正重要的事，哪些只是劳碌活儿？如果我们知道让自己快乐需要哪些东西，便不会再浪费力气在虚妄的想法之中。如果我们能够体会，真正希望由生活中得到的并非外在的东西或体验，而是与这些东西或体验相关的积极心理状态，那么对我们也会有所帮助。若能从内在的努力之中找寻那样的心理状态而非追逐外在事物，不是更为明智吗？这让我想起一个笑话：“如果放假的乐趣有一半在计划假期活动上，那么何不待在家里做两次计划！”

如果我们能把生活稍加重新安排，移除一些杂乱的东西，新的空间会为我们带来什么呢？

我们可以有时间安静下来、静止不动、冥想。或许欣赏孩子睡觉的样子、与我们的宝贝深情相望、散个小步、徜徉在自然之中、写写日记、慢慢享受一顿饭，或倾听周遭所有声音。我们也可以做些自然的事：摘些花儿、与陌生人聊天、与邻居交往。这些活动让我们再次碰触自己的内在而得到活力。这些活动也提醒我们，生活可以更轻松、更自发、更有趣。

古印度哲人寂天菩萨提出一个问题，这世上到处有蓟、荆棘、岩块，但如果穿上一双鞋子就能解决，为何要全世界都盖上兽皮呢？同样的道理，如果我们只需改变自己的心，又何必试图改变世界？但总要过上许久，我们才知道，强要生活不是原本样子的作为终是徒劳无功的。我们并不会轻易就放弃自己并不实际的愿望，总是设法安排生活以避免受苦、避开不满足。我们需要克服多年习惯的制约，要拔除一些根深蒂固的妄念。单是要觉察到自己的某些妄念，我们或许便要练习几年的专注力。我们需经常提醒自己，外在世界无法供给我们可靠而长久的快乐，所以需要下功夫求得内在的平和。如果我们执着于欲念，紧抓住浪漫、财富、成就、关系这些东西，就会带来痛苦。我们若要快乐，就必须转化自己的心。

若要说到不再希求外在世界提供快乐这点上，做父母的一开始就占有优势：孩子不会让我们以所希望的程度去参与外在的世界。他们让我们不能再追逐外在的快乐，而必须在下雨时待在客厅里、出太阳时到游乐场、阴天则到购物中心去。亲职工作把许多生活当中让我们分心的事物都拿走了，要我们向内在求得快乐。他们还常常像是拿着镜子一般，让我们看到自己心里真正的情况。有时候那里并不会太好看，也因此让我们知道了自己需要努力的地方。没错，孩子在所有心灵导师当中是最严格、最无情的了。

孩子一次又一次让我们回头做生手。他们随着阶段而改变，我们处理当下处境的能力也跟着每个月有所改变，我们对于佛法修行的能力与投入也因此有所不同。但如果我们能培养出一些内在的平心静气，外在所发生的事就不会让我们激动或难过。内心有了平静，外在所发生的事与我们的反应之间就有了一些缓冲的余裕。而这让我们对孩子的帮助只会更大，因为我们既能密切照料他们，也让他们有了好榜样。

你可能会发现生活上有许多方面都得到了戏剧性的改善。有些改变很容易做到:我们不用太勉强就能对同事朋友更友善些，对家人更关爱些，让自己的人生态度更正面些。短短的时间之内，我们或许就对生活上的改善有了深刻的感觉。但我们也必须为将会出现的高原期做好准备：在生活的许多方面，只有经过数年的修炼才会出现进步。我们可能要经过好几年，才能让自己的心不再出现有害的想法，才能原谅那些曾伤害过我们的人，才能克服负面的心理状态。

没有人的心灵之旅是一路直行的康庄大道；生命当中总会出现高低起伏的环境，而我们也会经历高峰与低潮。我们的情绪状态，甚至可能在变好之前会先变糟。当隐藏或压抑的创伤被揭露出来的时候并不舒服，也可能因此触发意料之外的情绪反应。由于多年否认或忽视内心之痛，我们很可能要把疗伤止痛当成首要之务。长远来看，对那些阻挡我们、不让我们得到生活乐趣的垃圾，来一次内心的春季大扫除，对我们只会有好处。

假以时日，当我们的心变得更健康时，必能在自身生命的所有层面都发现有所进步。

结　语

我们想生活在什么样的世界？是每个人都在从事自我改进、试着让世界对自己来说更加舒适的世界呢，还是一个联结着人们彼此关心、服务邻里、关爱别人、帮助别人的世界呢？

面对现代生活的疏离与社区意识的匮乏，我们可以试着从一种方式入手：就是在考虑事情时能不限于我们自身及周遭的局部世界。对别人的慈悲心正是让我们与神圣之处相接的方式。

对于我们所轻忽的真理，文字永远无法完全捕捉其重大意义。文字可以带给我们一些线索，但要形容我们体验到的所有可能，还有我们会成为何人的种种可能，文字总不够贴切。有了爱，我们可以成就的生命远远不只是具有五种官能感觉加上理性的脑袋而已；我们所拥有的潜能要比自己所了解到的多上许多。我们要接受生命中的痛苦与不完美，它让我们停下脚步而看到希望。

编辑手记

面对孩子的勇气和智慧

身处人生的不同阶段，会对何为“人生的真相”有不同的看法。当我们还是个孩子的时候，会笃定地认为，父母就是自己“人生的真相”；当我们为人父母之时，会自然而然地认为，孩子才是自己“人生的真相”。

而面对真相，是需要勇气和智慧的。

身为人母之前，从没有人告诉过我们，要经历那么多个连续的不眠不休的昼夜；从没有人警告过我们，有患上产后抑郁症的危险；从没有人教导过我们，需要成为一个“营养师 + 医师 + 教师”；从没有人提醒我们，自己的时间将会合理地被“别人”支配了；最为严重的是，从没有人向我们透露，我们的心在离开这个世界之前，再不会有一刻的空闲，永远都在恐惧自己孩子受苦的那一天会到来。

平静、喜乐、安康，这些词语似乎都被取而代之了，“罪恶感”、“忧虑”、“责任”、“忙碌”、“暴躁”、“迷茫”却时时可能充溢在我们的身上。不烦不忧照顾好自己与孩子，似乎是一种奢望。

身为人母，要求妈妈们必须学会以一种新的方式滋养自己的心灵。想要成为快乐而有智慧的妈妈，成为孩子生命中积极的正向力量，唯一的可能在于开发出内在的资源来帮助自己。

让自己能够从哲学、佛法中借鉴一些智慧，带来面对自我人生、孩子人生的勇气，是一条指引“母职”的离苦得乐之道。《养孩子就是一场修行》正是指引妈妈们的智慧之书！

湛庐文化 Cheers Publishing
a mindstyle business 与思想有关

湛庐，与思想有关……

如何阅读商业图书

商业图书与其他类型的图书，由于阅读目的和方式的不同，因此有其特定的阅读原则和阅读方法，先从一本书开始尝试，再熟练应用。

阅读原则1 二八原则

对商业图书来说，80% 的精华价值可能仅占 20% 的页码。要根据自己的阅读能力，进行阅读时间的分配。

阅读原则2 集中优势精力原则

在一个特定的时间段内，集中突破 20% 的精华内容。也可以在一个时间段内，集中攻克一个主题的阅读。

阅读原则3 递进原则

高效率的阅读并不一定要按照页码顺序展开，可以挑选自己感兴趣的部分阅读，再从兴趣点扩展到其他部分。阅读商业图书切忌贪多，从一个小主题开始，先培养自己的阅读能力，了解文字风格、观点阐述以及案例描述的方法，目的在于对方法的掌握，这才是最重要的。

阅读原则4 好为人师原则

在朋友圈中主导、控制话题，引导话题向自己设计的方向去发展，可以让读书收获更加扎实、实用、有效。

阅读方法与阅读习惯的养成

（1）回想。阅读商业图书常常不会一口气读完，第二次拿起书时，至少用 15 分钟回想上次阅读的内容，不要翻看，实在想不起来再翻看。严格训练自己，一定要回想，坚持 50 次，会逐渐养成习惯。

（2）做笔记。不要试图让笔记具有很强的逻辑性和系统性，不需要有深刻的见解和思想，只要是文字，就是对大脑的锻炼。在空白处多写多画，随笔、符号、涂色、书签、便签、折页，甚至拆书都可以。

（3）读后感和 PPT。坚持写读后感可以大幅度提高阅读能力，做 PPT 可以提高逻辑分析能力。从写读后感开始，写上 5 篇以后，再尝试做 PPT。连续做上 5 个 PPT，再重复写三次读后感。如此坚持，阅读能力将会大幅度提高。

（4）思想的超越。要养成上述阅读习惯，通常需要 6 个月的严格训练，至少完成 4 本书的阅读。你会慢慢发现，自己的思想开始跳脱出来，开始有了超越作者的感觉。比拟作者、超越作者、试图凌驾于作者之上思考问题，是阅读能力提高的必然结果。

扫码关注湛庐文化，
回复"阅读"
这5种方法，让读过的书变成你的影子

[特别感谢：营销及销售行为专家 孙路弘 智慧支持！]

我们出版的所有图书，封底和前勒口都有“湛庐文化”的标志

湛庐文化
Cheers Publishing
a mindstyle business 与思想有关

并归于两个品牌

财富汇　　心视界

找“小红帽”

为了便于读者在浩如烟海的书架陈列中清楚地找到湛庐，我们在每本图书的封面左上角，以及书脊上部 47mm 处，以红色作为标记——称之为**“小红帽”**。同时，封面左上角标记**“湛庐文化 Slogan”**，书脊上标记**“湛庐文化 Logo”**，且下方标注图书所属品牌。

湛庐文化主力打造两个品牌：**财富汇**，致力于为商界人士提供国内外优秀的经济管理类图书；**心视界**，旨在通过心理学大师、心灵导师的专业指导为读者提供改善生活和心境的通路。

阅读的最大成本

读者在选购图书的时候，往往把成本支出的焦点放在书价上，其实不然。

时间才是读者付出的最大阅读成本。

阅读的时间成本=选择花费的时间+阅读花费的时间+误读浪费的时间

湛庐希望成为一个“与思想有关”的组织，成为中国与世界思想交汇的聚集地。通过我们的工作和努力，潜移默化地改变中国人、商业组织的思维方式，与世界先进的理念接轨，帮助国内的企业和经理人，融入世界，这是我们的使命和价值。

我们知道，这项工作就像跑马拉松，是极其漫长和艰苦的。但是我们有决心和毅力去不断推动，在朝着我们目标前进的道路上，所有人都是同行者和推动者。希望更多的专家、学者、读者一起来加入我们的队伍，在当下改变未来。

湛庐文化获奖书目

《大数据时代》

国家图书馆“第九届文津奖”十本获奖图书之一
CCTV“2013 中国好书”25 本获奖图书之一
《光明日报》2013 年度《光明书榜》入选图书
《第一财经日报》2013 年第一财经金融价值榜“推荐财经图书奖”
2013 年度和讯华文财经图书大奖
2013 亚马逊年度图书排行榜经济管理类图书榜首
《中国企业家》年度好书经管类 TOP10
《创业家》“5 年来最值得创业者读的 10 本书”
《商学院》“2013 经理人阅读趣味年报 · 科技和社会发展趋势类最受关注图书”
《中国新闻出版报》2013 年度好书 20 本之一
2013 百道网 · 中国好书榜 · 财经类 TOP100 榜首
2013 蓝狮子 · 腾讯文学十大最佳商业图书和最受欢迎的数字阅读出版物
2013 京东经管图书年度畅销榜上榜图书，综合排名第一，经济类榜榜首

《牛奶可乐经济学》

国家图书馆“第四届文津奖”十本获奖图书之一
搜狐、《第一财经日报》2008 年十本最佳商业图书

《影响力》(经典版)

《商学院》“2013 经理人阅读趣味年报 · 心理学和行为科学类最受关注图书”
2013 亚马逊年度图书分类榜心理励志图书第八名
《财富》鼎力推荐的 75 本商业必读书之一

《人人时代》(原名《未来是湿的》)

CCTV《子午书简》·《中国图书商报》2009 年度最值得一读的 30 本好书之“年度最佳财经图书”
《第一财经周刊》· 蓝狮子读书会 · 新浪网 2009 年度十佳商业图书 TOP5

《认知盈余》

《商学院》“2013 经理人阅读趣味年报 · 科技和社会发展趋势类最受关注图书”
2011 年度和讯华文财经图书大奖

《大而不倒》

《金融时报》· 高盛 2010 年度最佳商业图书入选作品
美国《外交政策》杂志评选的全球思想家正在阅读的 20 本书之一
蓝狮子 · 新浪 2010 年度十大最佳商业图书，《智囊悦读》2010 年度十大最具价值经管图书

《第一大亨》

普利策传记奖，美国国家图书奖
2013 中国好书榜 · 财经类 TOP100

《真实的幸福》

《第一财经周刊》2014 年度商业图书 TOP10
《职场》2010 年度最具阅读价值的 10 本职场书籍

《星际穿越》

国家图书馆“第十一届文津奖”科普奖获奖图书
2015 年全国优秀科普作品三等奖

《翻转课堂的可汗学院》

《中国教师报》2014 年度“影响教师的 100 本书”TOP10
《第一财经周刊》2014 年度商业图书 TOP10

湛庐文化 Cheers Publishing

a mindstyle business 与思想有关

湛庐文化获奖书目

《爱哭鬼小隼》

国家图书馆“第九届文津奖”十本获奖图书之一

《新京报》2013 年度童书

《中国教育报》2013 年度教师推荐的 10 大童书

新阅读研究所“2013 年度最佳童书”

《群体性孤独》

国家图书馆“第十届文津奖”十本获奖图书之一

2014“腾讯网·啖书局”TMT 十大最佳图书

《用心教养》

国家新闻出版广电总局 2014 年度“大众喜爱的 50 种图书”生活与科普类 TOP6

《正能量》

《新智囊》2012 年经管类十大图书，京东 2012 好书榜年度新书

《正义之心》

《第一财经周刊》2014 年度商业图书 TOP10

《神话的力量》

《心理月刊》2011 年度最佳图书奖

《当音乐停止之后》

《中欧商业评论》2014 年度经管好书榜·经济金融类

《富足》

《哈佛商业评论》2015 年最值得读的八本好书

2014“腾讯网·啖书局”TMT 十大最佳图书

《稀缺》

《第一财经周刊》2014 年度商业图书 TOP10

《中欧商业评论》2014 年度经管好书榜·企业管理类

《大爆炸式创新》

《中欧商业评论》2014 年度经管好书榜·企业管理类

《技术的本质》

2014“腾讯网·啖书局”TMT 十大最佳图书

《社交网络改变世界》

新华网、中国出版传媒 2013 年度中国影响力图书

《孵化 Twitter》

2013 年 11 月亚马逊（美国）月度最佳图书

《第一财经周刊》2014 年度商业图书 TOP10

《谁是谷歌想要的人才？》

《出版商务周报》2013 年度风云图书·励志类上榜书籍

《卡普新生儿安抚法》（最快乐的宝宝 1·0~1 岁）

2013 新浪“养育有道”年度论坛养育类图书推荐奖

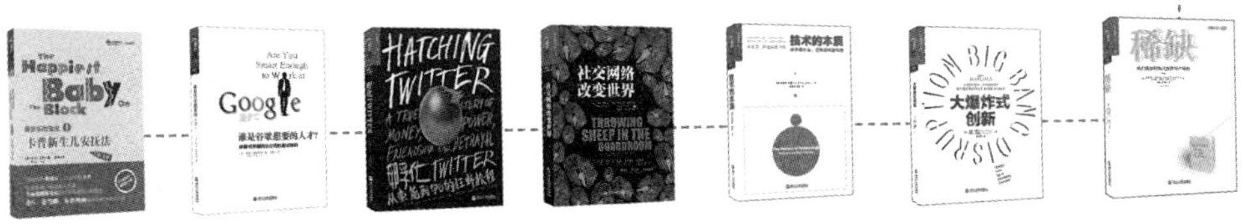

延伸阅读

《魔法岁月》

扫码直达本书购买链接

◎ 著名亲子专家陈禾、儿童教育专家罗玲、童话作家粲然联袂推荐，美国儿童发展研究协会前会长贝里·布雷泽尔顿倾情作序，《华盛顿时报》、《纽约时报书评》、Parents 杂志给予盛赞。

◎ 帮你了解 0~6 岁孩子的生理与心理变化，放下对孩子的过度保护，帮助孩子解决焦虑、排便、自律等问题。尤其是对如何管教孩子还存有疑虑的家长，这本书详细分析了对孩子进行管教的必要性。

《教出乐观的孩子》

扫码直达本书购买链接

◎ 积极心理学之父马丁·塞利格曼集 30 年、千百个成人及儿童研究之精华著成的教育经典。书中重墨提及积极心理教育在学校实践中的成功应用，富有借鉴意义。

◎ “心教育经典译丛”由中国教育风云人物孙云晓领衔主编，旨在引进国际最科学、前沿的教育理念，为中国教育及家庭教育注入更为理性科学的思想与方法。

《让孩子的大脑自由》

扫码直达本书购买链接

◎ 知名神经科学家及畅销书作家。约翰·梅迪纳博士是美国权威的神经科学家、发展分子生物专家及研究顾问，主要研究人脑发展基因及精神病遗传学问题。

◎ 亚马逊心理书籍销售冠军《让大脑自由》之家庭教养版。本书成功填补了科学和通俗之间的鸿沟，揭秘教养误区中的若干迷思，带给你超震撼的育儿法则，帮助天下父母养育出聪明健康快乐幸福的宝宝。

《爱哭鬼小隼》

扫码直达本书购买链接

◎ 著名心理学家河合隼雄最后遗作。2007 年，河合隼雄去世后，日本民众曾感慨道：“日本再无心理大师。”

◎ 著名文学翻译家、学者林少华先生，华南师范大学应用心理学系副教授迟毓凯老师，专文作序。

BUDDHISM FOR MOTHERS: A Calm Approach to Caring for Yourself and Your Children by Sarah Napthali

Published by arrangement with Allen & Unwin Pty Ltd, Sydney, Australia through Bardon-Chinese Media Agency

图书在版编目（CIP）数据

养孩子就是一场修行：新手妈妈减压经典 /（澳）娜塔莉著；偶值译 . —杭州：浙江人民出版社，2016.10

ISBN 978-7-213-07616-9

Ⅰ . ①养…　Ⅱ . ①娜…　②偶…　Ⅲ . ①佛教 – 哲学思想 – 应用 – 家庭教育　Ⅳ . ① G78

中国版本图书馆 CIP 数据核字（2016）第 219626 号

浙江省版权局著作权合同登记章
图字：11-2016-187 号

上架指导：科学教养

养孩子就是一场修行：新手妈妈减压经典

［澳］萨拉·娜塔莉　著
偶　值　译

出版发行：浙江人民出版社（杭州体育场路 347 号　邮编　310006）
市场部电话：（0571）85061682　85176516
集团网址：浙江出版联合集团　http://www.zjcb.com
责任编辑：王放鸣　蔡玲平
责任校对：姚建国　张志疆
印　　刷：北京中印联印务有限公司
开　　本：720mm × 965mm 1/16　　印　　张：13.5
字　　数：158 千字　　插　　页：1
版　　次：2016 年 10 月第 1 版　　印　　次：2016 年 10 月第 1 次印刷
书　　号：ISBN 978-7-213-07616-9
定　　价：42.90 元

如发现印装质量问题，影响阅读，请与市场部联系调换。